Escuelas ruralizadas y desarrollo regional. Lecturas pedagógicas /
dirigido por Silvia Libia Castillo -1a ed.- Santa Rosa: Univ. Nacional de La Pampa,
2007. 136 p.; 22,5 x 14,5 cm.

ISBN 978-950-863-092-6

1. Educación Rural. I. Castillo, Silvia Libia, dir.
   CDD 371.009 173 4

Fecha de catalogación: 26/04/2007

Composición y armado: Eduardo Rosende

Primera edición: Agosto de 2007

ISBN: 978-950-863-092-6

IMPRESO EN ARGENTINA

SILVIA LIBIA CASTILLO (directora)

Beatriz Fainholc | Estela Beatriz Picco | María Cecilia Blanco
Cintia Lucero | Melina Muchiut | Daniela Roldán
María Nadia García | Cecilia Genovesio | María Mendicoa

ESCUELAS RURALIZADAS y DESARROLLO REGIONAL

Lecturas pedagógicas

www.minoydavila.com.ar

En Madrid:
Miño y Dávila editores
Arroyo Fontarrón 113, 2º A (28030)
tel-fax: (34) 91 751-1466
Madrid · España

En Buenos Aires:
Miño y Dávila srl
Pje. José M. Giuffra 339 (C1064ADC)
tel-fax: (54 11) 4361-6743
e-mail producción: produccion@minoydavila.com.ar
e-mail administración: administracion@minoydavila.com.ar
Buenos Aires · Argentina

ÍNDICE

AGRADECIMIENTOS

A las Instituciones de Tercer Ciclo Ruralizadas que nos permitieron acceder a ellas para el estudio de documentos y experiencias educativas propias del lugar de pertinencia.

Dedicado a quienes han optado por la desafiante tarea de enseñar, en especial en la Educación Ruralizada.

Y a todas las personas que han hecho posible la realización de este libro con su trabajo y con su apoyo desinteresado.

El equipo de autores de esta obra

ESCUELAS RURALIZADAS
y DESARROLLO REGIONAL

Lecturas pedagógicas

INTRODUCCIÓN

LA EDUCACIÓN RURAL
EN EL MUNDO GLOBALIZADO

Silvia Libia Castillo [1]

La globalización ha conmovido a nuestras sociedades de manera tal que no hay sectores que hayan quedado libres de repensar su forma de organización, de inserción social y económica, su aporte al desarrollo nacional, entre ellos el sector referido a la educación.

Los Estados se han enfrentado, entonces, al desafío de redefinir sus funciones tendiendo hacia formas más flexibles y adecuadas a las demandas productivas, sociales, sectoriales y locales que emergen dentro de un nuevo estilo de desarrollo y hacia maniobras de regulación y planificación estratégicas en términos de política social y económica, mejorando su capacidad articuladora y de interlocución con los diversos actores y grupos de la sociedad. Es papel del Estado el de líder del proceso de transformación productiva para el desarrollo económico y social; como asimismo el de estimular la integración de ciudadanos dentro de una comunidad nacional. Su estrategia más precisa sigue siendo la socialización, que se efectúa por medio de las instituciones educativas y culturales. Por lo tanto, debiera impulsar una política integral de preparación de recursos humanos a fin de responder a los retos en que se halla sustentado el concepto de desarrollo. Para ello, no hay modelos predeterminados. Sí debe atender la necesidad de buscar el incremento de la productividad y el mejoramiento de las condiciones de *competitividad* en vistas del progreso económico y social y, para ello, posibilitar el desarrollo de competencias viables. Las instituciones, y entre ellas las educativas, están hoy ante una nueva oportunidad de ponerse a prueba.

---

1   Docente e investigadora de la Facultad de Ciencias Humanas de la UNLPam.

"La noción de competencia, tal como es usada en relación con el mundo del trabajo, se sitúa a mitad de camino entre los saberes y las habilidades concretas, la competencia es inseparable de la acción, pero exige a la vez conocimiento" (Organización de las Naciones Unidas para la Agricultura y la Alimentación, FAO, 2001, Vol. 2, Cap. 1, p. 18). Exige acuerdo y colaboración entre el mundo de la educación y el mundo del trabajo y se adquiere en trayectorias que implican una combinación de educación formal, aprendizaje en el trabajo y, eventualmente, educación no formal. La adquisición de competencias es un largo proceso que no se advierte en la acumulación de credenciales, sino en la demostración de capacidad de desempeño en situaciones problemáticas específicas.

Justamente, la Educación General Básica [EGB] es el nivel educativo orientado a la obtención de logros equivalentes en la formación de competencias por medio de la adquisición de conocimientos, valores, actitudes y habilidades que están en la base de los requerimientos culturales, sociales y económicos comunes a todos los argentinos del siglo XXI.

El Tercer Ciclo de la Educación General Básica [EGB 3], ya sea de escuelas urbanas como rurales, es el que debe dar a todos los estudiantes la oportunidad de completar los aprendizajes considerados básicos tanto para el desarrollo personal como para su desempeño cívico y social. Se lo concibe como una unidad pedagógica integral y su propuesta debería orientar a los jóvenes a profundizar áreas de conocimiento y a identificar campos de opciones posibles que encaucen decisiones futuras, según lo expresado en documentos oficiales.

La Ley Federal de Educación en su Título II, Capítulo 1, Artículo 5, inciso a, se refiere a la educación rural como una forma de propender al fortalecimiento de la identidad nacional, atendiendo las idiosincrasias locales, provinciales y regionales. En consecuencia, la oferta del Tercer Ciclo de la Educación General Básica para las Escuelas Rurales está pensada para que los alumnos reconozcan que su propia cultura forma parte del patrimonio cultural de la humanidad. Como se expresa en la presentación del Proyecto del Ministerio de Cultura y Educación de la Nación sobre EGB 3 de Escuelas Rurales (1996, p. 21), permitir a cada uno el acceso a ese patrimonio es función ineludible de la escuela. Por lo tanto, la variedad de situaciones que plantea la ruralidad debe atender las necesidades propias de cada región y contemplar una propuesta curricular adecuada y de calidad que prepare para la vida, el trabajo y el desarrollo regional. Según las consideraciones conceptuales de Raúl Díaz, (2001), cabe apelar aquí al paradigma de la educación multicultural encarada como un tratamiento positivo de la diversidad, respeto por las diferencias y el ejercicio de la tolerancia cultural; por lo tanto, surge la necesidad de que cada escuela elabore un proyecto educativo que tome en cuenta su propia realidad social y laboral.

El aporte de las escuelas ruralizadas a la construcción de una nueva cultura para el trabajo y la producción es central. Dicha construcción debiera hacerse a partir de la identificación de problemas y carencias críticas de la región, de la reflexión y sistematización sobre las condiciones existentes en el sector rural y, entonces, será posible pensar en proyectos para el desarrollo productivo, para comprender y actuar sobre el medio institucional y social del sector rural.

Un protagonista de la corriente referida al análisis constructivista como base de la competencia laboral, Bertrand Schwartz (1995), especifica que es clave atender las relaciones mutuas y las acciones existentes entre los grupos y su entorno, entre situaciones de trabajo y situaciones de formación, ya que se construye la competencia no sólo a partir de la función que nace del mercado y concede importancia a la persona, a sus objetivos y posibilidades. Además, desde esa visión, se superan las viejas prácticas fragmentarias del antiguo esquema trabajo manual *versus* trabajo intelectual sobre la base de una fórmula integradora educación-trabajo que considera necesario atender cinco categorías de aprendizajes: una cultura de base (expresión escrita, comunicación, estructuras lógicas fundamentales), saberes científicos (matemática, cálculo), saberes de organización (entender la organización prescrita y actuar sobre ella), saberes técnicos (utilizar instrumentos, herramientas, métodos) y saberes de relaciones comportamentales (trabajo en equipo).

Una mirada histórica
de la educación ruralizada

Si hacemos referencia a los orígenes, a las costumbres, a las normas y valores, al perfil que dan características particulares a la educación ruralizada, no podemos prescindir de decir que estamos frente a una de las primeras formas de educación. Tal es así que, como lo expresa Beatriz Fainholc (1983), cuando hablamos de la vida rural americana nos remontamos a las épocas prehistórica, colonial, independencia y organización, hasta la actualidad. Dicha autora considera que volvemos, entonces, a las formaciones socioculturales de las culturas precolombinas, de los mayas y aztecas, agricultores y guerreros con su tipo de comunidad agraria, de trabajo obligatorio y comunal, adherido al régimen de las tierras. Y nuestro territorio argentino recibió, precisamente, la influencia de las culturas aztecas, incaicas y guaraníes, sobre todo en la organización social y laboral. Fueron los indígenas quienes con su apego a la tierra formaron verdaderas comunidades rurales. Si bien la presencia del español trajo aparejada la destrucción de estas culturas igualmente se proyectaron sus costumbres agrícolas y se sumó el ingreso del ganado incorporado por el conquistador. Así, de la conjunción de cereales y ganados en los territorios, sobre todo de pampa húmeda, se convirtió la Argentina, desde el punto de vista económico, en "el granero del mundo". No obstante, las diferencias sociales se acrecentaron más con los trabajos de campo. Con la independencia no mejoraron las condiciones de los trabajadores campesinos ya que la acción política del momento no favoreció la vida rural. La transformación del agro fue llamativa a partir de la organización nacional. Con la llegada del inmigrante europeo apareció un nuevo tipo de trabajador agrícola, el colono, y una nueva comunidad rural, la colonia agrícola, en donde, como ya sabemos, no siempre se cumplieron las aspiraciones de los colonos ubicados como arrendatarios o asalariados en parcelas de trabajo. El tiempo clave es 1880 ya que el modelo agroexportador generado por la élite desarrollista y liberal convierte a la Argentina en punto de mira económico prestigioso para Europa: la imagen de un país rico, pujante, por el aumento de la agricultura y la ganadería. En la realidad no se acaba el modelo y, sin embargo, parece no verse el campo con los arrendatarios, los colonos y los pocos propietarios en un estado de vida "indigenista". Ahora bien, más allá de las condiciones sociales, la vigencia de la estructura agraria argentina sigue siendo vital hasta nuestros días. Los lineamientos sobre educación rural han de contemplar este abordaje histórico sobre el hombre rural argentino y su realidad.

Al respecto, cabe atender también el origen de la enseñanza agrícola que, en nuestro país, ha de remontarse ideológicamente a Manuel Belgrano, quien con su pensamiento fisiócrata ilustrado la promovió. La primera escuela fundada fue en tiempos de Rivadavia, en 1823, en Buenos Aires: "Escuela de agricultura práctica y jardín de aclimatación", y ese mismo tipo de escuelas se difundió, desde entonces, en el interior del país. Si avanzamos en el tiempo, entre los modelos de escuelas rurales en el país, en el siglo XX, podrían ubicarse las Escuelas de Familias Agrícolas Nucleadas (APEFA), once escuelas ubicadas en zonas agrícolas ganaderas de pampa húmeda y litoral que entrecruzaron el trabajo de aula y el trabajo en su parcela familiar.

Acompañan a estos breves trazos históricos las creaciones ministeriales fundacionales que respaldaron el surgimiento de escuelas rurales: en 1860, el Departamento de Enseñanza Agronómica, dependiente del Ministerio de Instrucción Pública; en 1871, el Departamento de Agricultura, bajo la Jurisdicción del Ministerio del Interior, del que dependieron las escuelas de enseñanza agrícola y fue la base del Ministerio de Agricultura, el cual se originó en 1898 y tuvo bajo su supervisión la enseñanza agropecuaria nacional. Desde 1969 el organismo responsable de la educación rural fue la Dirección de Enseñanza Agropecuaria dependiente del Ministerio de Cultura y Educación de la Nación, así como, en la actualidad, cada ministerio provincial rige sobre sus dependencias educativas rurales.

Ahora bien, hoy, con un espíritu fisiócrata renovado y con la responsabilidad de los organismos ministeriales, la educación rural debe buscar, desde una visión macro educativa, la integración de la comunidad regional, del mundo rural y el desarrollo nacional, y desde una visión micro, vincular enseñanza escolar con el mundo del trabajo, conciliar trabajo manual con trabajo intelectual y hacer uso de los medios de comunicación social, buscando la formación de un sujeto holístico, competente, que impulse el desarrollo productivo argentino.

Sobre la estructura de este escrito

Los trabajos aquí presentados entregan el aporte de especialistas en educación y de estudiantes de la cátedra Didáctica de Nivel Inicial y de Educación General Básica del Profesorado y Licenciatura en Ciencias de la Educación (2002-2003) de la Facultad de Ciencias Humanas de la Universidad Nacional de La Pampa, quienes investigaron sobre el tema "Educación y Ruralidad en la Argentina" por las amplias expectativas que dicho tema les generó.

En el Capítulo 1 se realiza un análisis crítico sobre las propuestas de la Reforma Educativa en América Latina y en la Argentina en cuanto a sus aspectos estructurales, organizativos y a los contenidos básicos comunes, marco en el que tiene cabida la reforma de la educación rural.

En el Capítulo 2 se presenta un estudio descriptivo de la EGB 3 Ruralizada, sobre la base de documentos oficiales curriculares del Ministerio de Cultura y Educación de la Nación y de la Provincia de La Pampa, facilitados por dos escuelas rurales de La Pampa. Se reflexiona sobre la manera en que dichas normativas intentan responder a las demandas de sectores rurales argentinos mediante diferentes alternativas pedagógicas. Para esto se analiza la estructura educativa rural y los sujetos que la componen, como asimismo, materiales y recursos didácticos propuestos para ese contexto.

El Capítulo 3 relata y analiza experiencias educativas renovadoras de EGB 3 Ruralizada en el marco de la Ley Federal de Educación, producto del acercamiento a Instituciones de Tercer Ciclo Rural en las localidades de Tres Lomas y Carlos Tejedor, Provincia de Buenos Aires.

El Capítulo 4 refiere al posible aporte de las tecnologías de la información y de la comunicación a la educación rural como una perspectiva transformadora, superadora de la realidad que viven las distintas regiones; como práctica de la participación ciudadana y con miras a avances comunitarios locales.

En el Capítulo 5, Epílogo, a manera de conclusión, se despliegan algunas reflexiones sobre las perspectivas de EGB 3 Ruralizada, posicionándola como medio para favorecer la integración, la cohesión y el desarrollo nacional.

En síntesis, en esta obra se mira y reflexiona sobre la educación ruralizada en la Argentina, en especial el Tercer Ciclo, en el marco de la Transformación Educativa, y la importancia de atender desde el mismo la vinculación educación-trabajo para contribuir a la mejora productiva.

Bibliografía

Ausubel, D. (1976). *Psicología educativa. Un punto de vista cognoscitivo*. México: Trillas.

Delgado, M. (1993). *Investigación sobre las actividades emprendidas por las organizaciones de trabajadores/as rurales de algunos países de América Central y República dominicana para fortalecer la participación de la mujer*. Ginebra, OIT.

Díaz, R. (2001). *Trabajo docente y diferencia cultural. Lecturas antropológicas para una identidad desafiada*. Buenos Aires: Miño y Dávila editores.

Edwards, D. y Mercer, N. (1988). *El conocimiento compartido*. Madrid: Paidós.

FAO (Organización de las Naciones Unidas para la agricultura y la alimentación) (2001). *Guía para formadores: conceptos, principios y métodos de capacitación*. Roma.

Fainholc, B. (1983). *La educación rural argentina*. Buenos Aires: Librería del Colegio.

González, S. (1987). *Las posibilidades y perspectiva de la regionalización educativa en América Latina*. Buenos Aires, Consejo Federal de Inversiones y UBA, Facultad de Filosofía y Letras.

Ministerio de Cultura y Educación de la Nación (1994). *Ley Federal de Educación*. Buenos Aires, Secretaría de Programación y Evaluación Educativa.

Ministerio de Cultura y Educación de la Nación (1996). *Alternativas para la organización pedagógica del Tercer Ciclo de la Educación General Básica*. Buenos Aires, Programa de Asistencia Técnica para la Transformación Curricular.

Ministerio de Cultura y Educación de la Provincia de La Pampa (1996). *Tercer Ciclo de la Educación General Básica. Escuelas Rurales. Presentación del proyecto*.

Ministerio de Cultura y Educación. Subsecretaría de Coordinación. Subsecretaría de Coordinación. Gobierno de la Provincia de La Pampa (1998). *Marco general de los diseños curriculares de los distintos niveles regímenes y modalidades del Sistema Educativo Pampeano*.

Schwartz, B. (1995). *Modernizar sin excluir*. México, Dirección General de Tecnología Industrial, Secretaría de Educación Pública.

CAPÍTULO 1

LAS PROPUESTAS
DE LA REFORMA EDUCATIVA

Estela Beatriz Picco [1]

Situación en América Latina

En América Latina –a partir de 1990– se dio una época de grandes cambios y nuevos proyectos en educación propuestos desde distintos organismos internacionales, mediante la publicación de documentos que servirían de base para una Reforma Educativa.

En marzo de 1990 se estableció en Jomtien, Tailandia, la *Declaración Mundial sobre educación para todos*[2], en una reunión en que estuvieron presentes delegados oficiales de cincuenta y cinco estados. Sus propuestas fueron "garantizar que los requerimientos y formulaciones para satisfacer las necesidades básicas de aprendizaje de todos los niños, jóvenes y personas de edad adulta, se satisfacen realmente en todos los países" (Anexo 1, p. 179) y lograr, por medio de la educación, "un mundo más seguro, más sano, más próspero y ambientalmente más puro (...) el progreso social, económico y cultural, la tolerancia y la cooperación internacional" (p. 181, citado en Donoso Torres 1999).

---

1   Docente e investigadora de la Facultad de Ciencias Humanas de la UNLPam.

2   Esta Declaración "fue convocada por el Fondo de Naciones Unidas para la Infancia (UNICEF), el Programa de Naciones Unidas para el Desarrollo (PNUD), la Organización de Naciones Unidas para la Educación, la Ciencia y la Cultura (UNESCO) y el Banco Mundial, y co-patrocinada por dieciocho gobiernos [...]. Colaboraron también, en calidad de técnicos y funcionarios especialistas, representantes de más de veinte organismos intergubernamentales y de ciento cincuenta organizaciones no gubernamentales" (Donoso Torres, 1999, p. 99).

En 1992 dos agencias internacionales –la Comisión Económica Para América Latina y el Caribe (CEPAL)[3] y la UNESCO– elaboraron en Santiago de Chile el documento *Conocimiento y Educación, ejes de la transformación productiva con Equidad*. Para Flora Hillert (1999, p. 22), este documento:

> (...) representa un trabajo serio, documentado, apoyado en una actualización estadística y en una revisión profunda de la realidad de la región en el nuevo contexto internacional (...) plantea dos objetivos centrales de desarrollo para los años 90: la competitividad auténtica y la equidad. Proclama la centralidad del tema de la educación, la ciencia y la técnica, y propone a la educación como eje de la transformación productiva con equidad.

El documento de la CEPAL expone la idea de que la educación fomentará el desarrollo económico, la democracia y el ejercicio ciudadano; y señala que:

> (...) la formación contemporánea de la ciudadanía no se agota en la esfera política del voto y la igualdad formal ante la Ley. Exige también 'habilidades' y 'destrezas' para el mundo del trabajo, la vida familiar, el cuidado del medio ambiente, la cultura, la participación política y la vida de su comunidad. (CEPAL, p. 127, citado en Hillert, 1999, p. 22)

Para lograr estos fines, se propone la reorganización del sistema educativo en los siguientes niveles: la educación obligatoria formada por tres ciclos de Enseñanza General Básica –de tres años cada uno–; y el nivel Polimodal[4] –de tres años–, que tiene como características la flexibilidad, preparando para las competencias que se necesitan para adaptarse a un mundo laboral en constante cambio.

Por otra parte, dos instituciones cuya especialidad no es la educación sino las finanzas –el Fondo Monetario Internacional y el Banco Mundial–

---

3   La CEPAL es una de las cinco comisiones regionales de las Naciones Unidas y su sede está en Santiago de Chile. Se fundó para contribuir al desarrollo económico de América Latina, coordinar las acciones encaminadas a su promoción y reforzar las relaciones económicas de los países entre sí y con las demás naciones del mundo. Posteriormente, su labor se amplió a los países del Caribe y se incorporó el objetivo de promover el desarrollo social.

4   Según Donoso Torres (1999, p. 200), el Polimodal "es un concepto diferente de educación post obligatoria adaptado a las nuevas realidades. Tal es la 'flexibilidad' de esta alternativa que su organización comprende la 'Formación general de Fundamento' (Ciclo Básico Común), la Formación Orientada con cinco modalidades que desarrollan en los estudiantes competencias 'polivalentes' para desempeñarse en un espectro amplio de la vida laboral. Más aún, prepara para continuar estudios superiores".

    CAPÍTULO 1: *Las propuestas de la Reforma Educativa*

aconsejan políticas en el área educativa para América Latina que la mayoría de los gobiernos siguen, contratando personal técnico especializado.

Sostiene Adriana Puiggrós (1997, p. 72) que el "ajuste" económico establecido por el Banco Mundial para estos países –con el fin de que sigan pagando la deuda externa– ha determinado estas nuevas políticas. El Banco tiene como finalidad –dice– eliminar los gastos en educación de los Estados, mediante la elitización, dispersión y privatización de los grandes sistemas de educación pública y la eliminación de los acuerdos laborales con los docentes. Trata de justificar su política diciendo que los gobiernos deben dejar de financiar la educación media y superior y desplazar la atención hacia la enseñanza básica, donde la inversión sería más eficiente.

El compromiso que toma el Banco Mundial –basándose en sus funciones económicas– con respecto a la elaboración de los lineamientos para las reformas educativas de los diferentes países se apoya en la idea de educación como "instrumento importante para el desarrollo económico y social" (Banco Mundial,1996, pp. 21-22, citado en Coraggio, 1997, p. 41). Pasa a cumplir las funciones que en otros tiempos desempeñaba la UNESCO, como orientador de las mejoras en el área educativa, siendo "en el plano internacional (...) la mayor fuente de asesoramiento en materia de política educacional y de fondos externos para ese sector" (Banco Mundial, 1992, p. 7, citado en Coraggio, 1997, p. 77).

Las recomendaciones del Banco Mundial se refieren tanto a reformas en los contenidos de la enseñanza como en la estructura del sistema educativo (ciclos). Las medidas más importantes –según Puiggrós (1997, pp. 40, 73)– fueron: la reducción del presupuesto, la descentralización de la educación primaria y secundaria, el abandono de las modalidades técnicas y superiores, la transferencia de los establecimientos educativos a organismos locales, la flexibilización de la contratación docente, la orientación piramidal y la reducción de la planta docente que sigue empleada por el Estado, la desarticulación de gran parte de los tradicionales sistemas de formación docente, un fuerte control por parte de los gobiernos nacionales mediante la imposición de Contenidos Básicos Comunes [CBC]; y programas nacionales de evaluación de calidad de la enseñanza y del aprendizaje, del rendimiento institucional y de la eficiencia de la gestión.

Con respecto a los CBC, fueron pautados para cada nivel del sistema educativo, se adaptaron a cada país en que se aplicó la Reforma, y están relacionados con las llamadas Necesidades Básicas del Aprendizaje (NEBA) que fueron establecidas por la *Declaración* de Jomtien. Abarcan:

(...) tanto las herramientas esenciales para el aprendizaje (como la lectura y escritura, la expresión oral, el cálculo, la solución de problemas) como los contenidos básicos de aprendizaje (conocimientos teóricos y prácticos, valores y actitudes) necesarios para que los seres humanos puedan sobrevivir, desarrollar plenamente sus capacidades, vivir y trabajar con dignidad, participar plenamente en el desarrollo, mejorar la calidad de vida, tomar decisiones fundamentadas y continuar aprendiendo. (*Declaración Mundial sobre Educación para todos*, p. 181, citado en Donoso Torres, 1999, p. 101)

Anteriormente, según estudios realizados por Adriana Puiggrós (1997, pp. 39-41, 81), ya se habían ensayado modelos de Reforma neoliberal, siendo Chile uno de los primeros países latinoamericanos en hacerlo, bajo el programa educativo implementado por el gobierno de Augusto Pinochet entre 1973 y 1981, seguido por las políticas de Alberto Fujimori en Perú[5]. Mientras que en Brasil se instalaba lentamente el modelo durante el gobierno de Fernando H. Cardoso, México y Costa Rica lograban condicionar y negociar la aplicación de las reformas[6]. En casi todos los casos, las políticas educativas reformistas se fueron aplicando sin tenerse en cuenta las diferentes realidades regionales ni las necesidades de los sujetos de la educación.

---

5   El programa de Pinochet "... produjo el decrecimiento de la matrícula de todo el sistema de 6,54% entre 1970 y 1973 a 0,03% entre 1973 y 1981". El presidente del Perú, A. Fujimori "manifestó su intención de quitar el voto a los analfabetos. Este hecho resulta grave porque acentúa la marginación de la juventud andina" (Puiggrós, 1997, p. 39).

6   "El neoliberalismo tardío de Fernando Henrique Cardoso aplicó medidas de política educativa derivadas del ajuste económico. Pero no ha logrado aún instalar el modelo pedagógico que venía en el paquete, con la centralidad que ocupa en Chile y Argentina. El sistema educativo brasileño ha permanecido asentado en los estados (provincias) y su integración nacional fue tardía, permitiendo una autonomía relativa de las propuestas educacionales. Podría decirse irónicamente que las dificultades de integración político-cultural de la sociedad brasileña resultan una barrera contra el avance del neoliberalismo sobre los dispositivos de transmisión de la cultura. Costa Rica (...) logró disminuir el analfabetismo del 10,2% a 6,9% durante la década pasada. El sistema se diversificó y descentralizó favoreciendo escuelas del interior y realizando programas de modernización educativa dirigidos a las poblaciones periféricas y los sectores populares. México (...) ha logrado conservar el bloque central del sistema educativo nacional" (Puiggrós, 1997, p. 40).

                    CAPÍTULO 1: *Las propuestas de la Reforma Educativa*

La República Argentina

La República Argentina –según Puiggrós (1997, p. 90)– ha sido uno de los países latinoamericanos que ha seguido fielmente las recomendaciones del Banco Mundial en lo relativo a las nuevas políticas educativas, aplicadas por gobiernos que –como en el caso del Dr. Carlos Menem (1989-1999)– contaron con amplio apoyo popular[7]. Además, algunos cambios propuestos por la Reforma, tales como la extensión de la escolaridad obligatoria, la actualización de los contenidos de la enseñanza y la relación de la educación con el trabajo, habrían estado ya presentes en las plataformas de los partidos progresistas desde hacía décadas (Hillert, 1999, p. 98).

Desde 1884 –año de su sanción– la educación primaria argentina estuvo regida por la Ley 1420, mientras que los demás niveles del sistema educativo estaban organizados por decretos y resoluciones, no existiendo –hasta la sanción de la Ley Federal de Educación en 1993– una norma que los rigiera y articulara integralmente.

La Ley 1420 había surgido de los debates del Congreso Pedagógico reunido en 1884, época en que –según Grassi (1994, p. 73)– "la educación nacional se convirtió en un asunto del estado –El Estado Educador–...", ya que los debates de aquel Congreso, "las numerosas Leyes promulgadas, el porcentaje del gasto educativo, desarrollados entre fines y principios de siglo, dan cuenta del lugar prioritario que el Estado y la sociedad argentina asignaban en ese momento a la educación"[8].

---

7   Según Puiggrós (1997, pp. 81-82) "En Argentina existían condiciones ideológicas para que el modelo educativo neoliberal fuera aceptado por un sector intelectual y por el peronismo que ya se había convertido en menemismo. La propuesta educativa neoliberal encuentra eco en su corazón e incluso se adecua de una manera asombrosa a las reformas insistentemente propuestas por los conservadores en varios momentos de la historia. (...). El gobierno radical sostuvo los principios educativos democráticos y no fue un espacio apto para experiencias de ajuste de la educación pública. En cambio el menemismo (...) acogió placenteramente la propuesta pedagógica neoliberal".

8   "Las propuestas de crear escuelas públicas y el modelo institucional se articularon paralelamente al proyecto de creación de un Estado capitalista, particularmente del mercado internacional a través de la exportación de materias primas y de productos manufacturados. Para crear y desarrollar ese estado se necesitaban instituciones que cumplieran una doble función: 1) que hicieran efectiva su presencia en la mayor cantidad de rincones posibles; y 2) que ayudaran a conformar una población con cierta uniformidad cultural (...) la escuela pública era la institución ideal para tal fin (...). La decisión más importante del Estado Educador fue destinar porcentajes relativamente altos del presupuesto nacional a la educación..." (Grassi y otros, 1994, pp. 74, 76).

En aquellos años era una necesidad política formar a los ciudadanos para integrar a la heterogénea población del país –inmigrantes y nativos– y organizar un Estado moderno. Para ello se estableció una escolaridad obligatoria de siete años, lográndose así la alfabetización y el ingreso masivo de los habitantes al sistema educativo. La Ley 1420 estableció la escuela pública, obligatoria, gratuita, laica, común a todos y graduada. Además, en 1905 se sancionó la Ley Láinez o Ley 4874, por la cual el Consejo Nacional de Educación creó y dirigió establecimientos educativos en el territorio de las provincias.

Según el análisis realizado por Grassi y otros (1994, pp. 79-80) hay que considerar cuatro períodos en la historia del sistema educativo argentino:

1. Constitución del sistema estatal de educación, con la sanción de las primeras leyes (1880-1930).
2. Consolidación del sistema, con una etapa de expansión y diversificación (1930-1945) y una de expansión de la cobertura escolar durante el gobierno peronista (1945-1955), en el cual se aumentó la intervención del estado y se propuso la capacitación de la población según las nuevas necesidades del sistema productivo.
3. Fragmentación del sistema educativo estatal (1955-1983).
4. Segmentación del sistema (1983-1993).

En el tercer período –en el que se intercalan gobiernos democráticos y de facto–, ocurre lo que Grassi denomina "fragmentación y deterioro del sistema", ya que entre 1955 y 1966 se institucionalizó el sector privado con una fuerte presión del sector de la Iglesia, se reguló el funcionamiento de las universidades privadas y se creó la Superintendencia Nacional de Enseñanza Privada (SNEP). Entre 1966 y 1983 la formación de docentes que se realizaba en la escuela secundaria –Escuela Normal– pasó a instituciones de nivel superior, y se transfirieron todas las escuelas primarias a los gobiernos provinciales.

Según Grassi (1984, pp. 81-82), durante los últimos cuarenta años "se ha promovido, con particular énfasis, la descentralización de la organización del sistema educativo nacional. La transferencia de escuelas, de nación a provincia (...). Esta política ha sido una de las vías de reducción del gasto público Nacional...". Por otra parte, durante el llamado "Proceso de Reorganización Nacional" (1976-1983) la dictadura militar reprimió las ideas

     CAPÍTULO 1: *Las propuestas de la Reforma Educativa*

y acciones de renovación y democratización educativa surgidas a fines de la década de 1960.

Finalmente, en el cuarto período, desde el retorno a la democracia en 1983 con la asunción del Dr. Raúl Alfonsín, se dio una época en que, por una parte, se intentó superar el autoritarismo y, por otra, "se agudizó la segmentación del sistema educativo, es decir, comenzaron a producirse procesos de aguda diferenciación de la oferta educativa" (Grassi, 1994, p. 84). Si bien durante el período de Alfonsín (1983-1989) se eliminaron las normas represivas del Proceso, no se realizaron reformas esenciales del modelo educativo tradicional, ya que, según Puiggrós (2002, p. 181), aunque en su gobierno participaban sectores democráticos y modernos, tuvo un sector conservador que impidió una transformación profunda[9].

En 1984 –para conmemorar los cien años del primer Congreso Pedagógico–, durante el gobierno radical de Alfonsín[10] y en el marco del retorno a la democracia luego del período de la dictadura militar, se convocó a un nuevo Congreso que reunió a distintos sectores de la sociedad –partidos políticos, iglesias, gremios docentes, grupos estudiantiles, instituciones– quienes llevaron a cabo asambleas y debates públicos sobre la situación de la educación argentina. Las conclusiones surgidas de este Congreso, la Ley 24049/91 de transferencias de servicios educativos a las administraciones provinciales, y el Discurso de los Organismos Internacionales (Banco Mundial, UNESCO-CEPAL) fueron los antecedentes de la Ley Federal de Educación.

El Congreso Pedagógico realizó un diagnóstico sobre los distintos aspectos de la realidad educativa y manifestó diferentes propuestas que surgieron de los distintos sectores convocados y de las diversas ideologías

---

9   Señala Puiggrós (2002, p. 182-183) que muchos programas educativos importantes no se llevaron a cabo durante el gobierno de Alfonsín, entre ellos el Instituto Nacional de Perfeccionamiento y Actualización Docente, el Programa de Transformación de la Educación Media, el Programa Inicial del Sistema Nacional de Capacitación Docente, y el profesorado experimental para docentes sin título de nivel superior. Además, no se solucionó la situación salarial docente y se aumentaba la deuda externa, al seguir el gobierno cada vez más los dictados del Fondo Monetario Internacional y del Banco Mundial.

10   El Dr. Raúl Alfonsín se proponía lograr: "cien años de democracia" y acentuó la importancia de la formación del ciudadano. Decía que "No habrá democracia sin una educación que prepara para vivir en democracia (...). La formación democrática del ciudadano es así una obligación irrenunciable del Estado para asegurar su propia legitimidad y continuidad" (*Tiempo Argentino*, 27/8/86, pp. 12-14, citado en Hillert, 1999, p. 49).

participantes[11]. Se estaba pidiendo elevar la calidad y eficacia de la educación argentina para adaptarla a lo que la sociedad del presente necesitaba, se presentó el primer proyecto de esta Ley, y se debatió acerca de temas tales como "centralismo-federalismo", "principalidad-subsidiaridad", "lo privado-lo público". Hubo numerosos proyectos presentados por el Poder Ejecutivo, sancionándose luego la Ley Federal de Educación.

Tras la crisis socio-económica del gobierno radical, asumió el justicialismo, con la presidencia del Dr. Carlos Menem[12] quien, según Puiggrós (1996, p. 140), ajustó las políticas educativas a las directivas de la política neoliberal del Banco Mundial sin discutirlas; las mismas tenían como finalidad "disminuir el gasto estatal para derivar fondos hacia el pago de la deuda externa (...) intervenir directamente en la organización de las finanzas del país y en las decisiones sobre el monto y uso del presupuesto educativo" y actuar "como prestamista colocando dinero a alto interés para que se financie el ajuste del sistema"[13]. Este nuevo modelo aplicado en la Argentina fue, por

---

11   En el texto de De Lella, C. y Krotsch, C.P. titulado *Congreso Pedagógico Nacional. Evaluación y Perspectivas* (p. 257), A. Van Gelderen dice que el Congreso presentaba "... la siguiente distribución: 33% de representantes respondían a las orientaciones de la Iglesia Católica y sostenían los principios de la libertad de enseñanza; 25% de representantes justicialistas, en sus diversos sectores partidarios internos; 20% de representantes radicales; 12% de otros partidos minoritarios, especialmente de partidos de posiciones laicistas, 10% de independientes liberales, no comprometidos, ni con los delegados católicos, ni con los partidos políticos". En el mismo texto afirma C. Braslavsky (p. 185) que "entre los grupos corporativos de pertenencia, el principal referente fue la Iglesia Católica. Fuentes periodísticas identificaron a 160 delegados como militantes partidarios (65 de la UCR, 72 del Partido Justicialista, 9 del Partido Intransigente, 2 del Partido Comunista y de 10 a 13 de la Democracia Cristiana y a 100 como militantes corporativos)" (citado en Hillert, 1999, p. 81).

12   Carlos Menem tenía como objetivo la "revolución productiva" y la formación del productor. El Capítulo de la Plataforma Electoral del Justicialismo que exponía el proyecto educativo tenía por título: "La educación para la Revolución Productiva". En él se decía: "Es en y por el trabajo que accederemos a nuestra realización como persona y como comunidad nacional" ("Plataforma Electoral", 1989, p. 146). Y en el Documento Base Nº 1 del Programa "Transformación de la Educación Secundaria", del Ministerio de Educación y Justicia (1991, p. 7) no se mencionaba en absoluto –se omitía– la formación del ciudadano; sí se proponía enmarcar la educación "en la cultura del trabajo como componente de la revolución productiva" (citado en Hillert, 1999, p. 50).

13   Según Puiggrós (1996, p. 140), se aceptaron todas las directivas del Banco, según los siguientes documentos: "El financiamiento de la educación en los países en desarrollo", Washington, DC, Banco Mundial, 1986; "Prioridades y estrategias para la educación", Washington, DC, Banco Mundial, 1995; Carnoy, Martín, Moura Castro, Claudio, "¿Qué rumbo debe tomar el mejoramiento de la educación en América Latina?", documento

otra parte, una copia de la reforma educativa que se había implementado en España en los últimos años del franquismo y que, luego de haber sido evaluada negativamente, fue derogada por el gobierno socialista de Felipe González en la década de 1980.

Menem incluyó, en su plataforma política, la sanción de nuevas normas para el régimen educativo: la Ley 24049/91 de Transferencias, la Ley 24195/93 o Ley Federal de Educación, la Ley 11612 o Ley Provincial de Educación y la Ley de Educación Superior. Según Paviglianitti (1995, pp. 5, 10):

> (...) La sanción de la Ley Federal de Educación se produce dentro del modelo más global de recomposición de la economía y de la sociedad (...). La recomposición neoconservadora aporta nuevos argumentos que refuerzan el rol subsidiario del Estado y, por lo tanto, colocan la centralidad de la responsabilidad por el desarrollo de la educación en los individuos, las familias y las iglesias como educadores; la responsabilidad primaria es de las instituciones privadas, así a través del libre juego de mercado se permite la libre competencia entre las instituciones y los individuos, y, éste es el único modo posible para que el sistema funcione con eficiencia y calidad.

La Reforma transformó[14] la estructura del sistema educativo y la organización institucional, como así también los contenidos de la enseñanza y sus aspectos didácticos. La Ley Federal de Educación abarca las siguientes áreas de la educación: todos los niveles y regímenes especiales del sistema educativo (incluyendo educación especial, de adultos, técnica, artística y no formal); contenidos de la enseñanza; gobierno y administración de la educación; profesionalidad de la función docente y directiva; financiamiento de la educación.

---

de antecedentes para el Banco Interamericano de Desarrollo, Seminario sobre Reforma Educativa, BID, Bs.As., 21 de marzo de 1996. La estrategia consistía –asegura Puigrós (1996, p. 140)– "en disminuir la responsabilidad del Estado como financiador y proveedor de educación pública; establecer aranceles o subsidios privados en todos los niveles y modalidades, comenzando por la universidad y terminando por la educación básica; achicar el sistema de educación pública hasta el mínimo posible, mediante: la transferencia de los establecimientos a jurisdicciones menores (de la Nación a las provincias y de éstas, a las Municipalidades) tendiendo a su privatización".

14 Para lograr esta transformación se conformaron comisiones "participativas", "pluralistas", "equilibradas", "no sesgadas sectorial o ideológicamente", según el Documento serie 0 N° 1: "Metodología para acordar aspectos prioritarios para la aplicación de la Ley Federal de Educación", del Ministerio de Cultura y Educación, Consejo Federal de Cultura y Educación (Hillert, 1999, p. 87).

Establece un sistema federal y democrático para el gobierno de la educación: la política educativa nacional será establecida y garantizada por el Poder Ejecutivo Nacional (Ministerio de Cultura y Educación de la Nación) en consenso con los Poderes Ejecutivos de las provincias y de la Municipalidad de la Ciudad de Buenos Aires, la gestión directa del sistema estará a cargo de cada provincia y de la Municipalidad de la Ciudad de Buenos Aires.

Propone un cambio profundo del sistema educativo para mejorar su calidad: extensión a diez años de la escolaridad obligatoria y modificación de los niveles o ciclos, evaluación permanente del sistema educativo, renovación de los contenidos de la enseñanza, creación de una red de formación docente continua para lograr capacitación, y articulación con el mundo del trabajo y la producción.

Los diez años de escolaridad obligatoria comprenden dos niveles educativos: la Educación Inicial (entre los 3 y 5 años de edad) y la Educación General Básica [EGB] (entre los 6 y 14 años). Este nivel educativo es una de las innovaciones que introduce la Ley, ya que se modifica la estructura del sistema. Se estructura en tres ciclos: EGB 1, EGB 2 y EGB 3; cada uno de ellos de tres años de duración. Su finalidad es lograr que los alumnos adquieran las competencias básicas, es decir, los conocimientos, habilidades, destrezas, actitudes, para un buen desempeño en la sociedad del presente y del futuro inmediato. Tiene también una función de preparación para el nivel siguiente: la Educación Polimodal (entre los 15 y 17 años), ciclo también de tres años, que ofrece una variedad de orientaciones vinculadas con el mundo laboral, incluyendo diversos talleres; prepara para estudios superiores y otorga también títulos técnicos.

En consideración de Puiggrós (1996, p. 141), puede decirse que el gobierno menemista estableció un mayor control ideológico y político sobre el sistema educativo, mediante orientaciones dirigidas a la elaboración de los Contenidos Básicos Comunes de la Educación Nacional, los Contenidos Básicos de la Capacitación Docente, la Red Federal de Formación Docente y el Sistema Nacional de Evaluación de la Calidad de la Educación.

Con respecto a los CBC, en diciembre de 1993 el Ministerio de Cultura y Educación estableció el documento Serie A Nº 7, llamado "Propuesta metodológica y orientaciones específicas para acordar Contenidos Básicos Comunes (CBC)", a fin de convocar a la reformulación de los ya existentes y establecer aquellos que sean básicos para cada uno de los niveles del sistema educativo, los cuales servirían "de base para los Diseños Curriculares Provinciales, los que se adecuarán a los mismos o se reelaborarán a partir

　　　CAPÍTULO 1: *Las propuestas de la Reforma Educativa*

de ello". (*Contenidos Básicos Comunes para la Educación General Básica*, Ministerio de Cultura y Educación de la Nación. República Argentina, 1995, citado en Hillert, 1999, p. 95). Las reuniones de las Comisiones[15] convocadas para tratar un tema tan importante como la reformulación de contenidos educativos comenzaron trabajar a fines de 1993 y entregaron los documentos a fines de 1994, por lo que en el corto tiempo de un año[16] debieron producir los resultados que llevaron a la determinación de los CBC para todos los niveles de la enseñanza.

Finalmente, en su Resolución N° 39 de noviembre de 1994, el Consejo Federal de Cultura y Educación aprueba los CBC, en virtud del Art. 66, inciso a, de la Ley Federal de Educación. Una vez establecidos, aquéllos pasan a ser reelaborados por cada provincia, las cuales incluirán sus aportes articulándolos con la visión más global del nivel provincial.

---

15   Señala Hillert (1999, p. 87) que "resulta de relevancia conocer quiénes fueron convocados a aprobar los contenidos 'públicos' de la enseñanza". Se constituyó "una Comisión Técnico Asesora compuesta por tres miembros, uno de ellos más vinculado por su trayectoria a los intereses públicos, y dos más vinculados al sector privado, católico e israelita respectivamente. No se consideró necesario explicitar los criterios para la nominación de estas personas, y parece que nunca nadie pidió que se explicitasen. Se supone que fueron elegidas por su nivel profesional, creatividad, capacidad de innovación y experiencia de trabajo con distintos sectores de la educación argentina. Se logra así nuevamente una imagen de supuesta neutralidad en educación: se trataría de educadores sin representación ni político-partidaria, ni de los sectores del empresariado o trabajadores. Las autoridades habrían optado por no tener asesores políticos, sino técnicos". Comenta que distintas Comisiones fueron convocadas para estudiar la reformulación de los contenidos de la educación: el Consejo Económico Social, integrado por representantes de las organizaciones gremiales empresarias de la producción y los servicios, la Confederación General del Trabajo y el Consejo Interuniversitario Nacional, y el Consejo Técnico Pedagógico, integrado por especialistas designados por miembros del Consejo Federal de Cultura y Educación (art. 54 de la Ley Federal de Educación) y dos especialistas designados por la organización gremial de trabajadores de la educación de representación nacional mayoritaria.

16   Las comisiones debían trabajar según el siguiente cronograma: "Entrega de propuesta de enfoque de la disciplina, al 28 de febrero de 1994, para 'ser compatibilizados en la Secretaría de programación y Evaluación Educativa con el aporte de su Comisión Técnico-Asesora y sometidos al proceso de Consulta Federal en el mes de abril de 1994', de modo de facilitar 'tareas de diseño curricular y de capacitación docente en las jurisdicciones y también en el Ministerio de Cultura y Educación'. Entrega de un mínimo de 5 y un máximo de 12 bloques de contenidos para la EGB, y una alternativa de profundización de los mismos para la Educación Polimodal, y para la transformación de la formación y actualización docente. Entrega del resultado de consultas a no menos de 10 colegas de la disciplina, que avale la propuesta. Se esperaban los aportes completos por disciplina hacia el 30 de abril de 1994 (...) paralelamente se elaborarían criterios para la planificación de diseños curriculares jurisdiccionales, los que serían distribuidos a las jurisdicciones antes del 30 de junio de 1994" (Hillert, 1999, p. 89).

Con referencia a la Educación Rural

En esta nueva Estructura del Sistema Educativo, con relación a la Educación General Básica merece atención especial el Tercer Ciclo de la EGB en las escuelas del medio geográfico rural, por ser este ciclo lo más nuevo de la oferta de la Ley Federal, ya sea en cuanto a su organización como a contenidos.

Según lo expresa el documento "Alternativas para la Organización Pedagógica de Tercer Ciclo de la Educación General Básica" (Ministerio de Cultura y Educación de la Nación, 1996, p. 10), la heterogeneidad de situaciones que plantea la ruralidad requiere una organización curricular específica y flexible para este ciclo que posibilite contemplar las particulares necesidades de cada comunidad o región y adecuarse efectivamente a ellas. Asimismo, indica la necesidad de redefinir, para las escuelas rurales, ciertos roles y generar recursos humanos y materiales que hagan posible una propuesta curricular que prevea diferentes estrategias como modalidades presenciales, semipresenciales y/o a distancia, con tutorías, profesores itinerantes y materiales didácticos adecuados especialmente a las diferentes situaciones.

Algunas reflexiones

Las nuevas políticas fomentaron el retiro del Estado en lo que respecta a intervenciones económicas y derivaron a manos de los gobiernos provinciales o diversas entidades de gestión privada el financiamiento de la educación ("descentralización de la gestión"). El término descentralización puede considerarse desde distintos ángulos:

> (...) en el caso de los servicios educativos, técnicamente se trata de un recurso de gestión que consiste en un conjunto de medidas administrativas, económicas, sociales para enfrentar nuevos desafíos. Desde el punto de vista financiero, se supone que la descentralización permitirá un mejor empleo de los recursos y al mismo tiempo introducirá una mayor racionalización en la asignación de salarios en función de las realidades de vida de cada ámbito geográfico. Como factor de calidad se estima que debe contribuir a mejorarla. (Donoso Torres, 1999, p. 160)

Hay que destacar, además, que en el discurso de la Reforma educativa latinoamericana se han usado algunos términos en forma ambigua. Uno de ellos es el de *equidad* –citado por la CEPAL en sus documentos: "Transformación productiva con equidad (1990)" y "Educación y Conocimiento: eje de la transformación productiva con equidad" (1992)– el cual, según Flora Hillert (1999, p. 23) "se refiere al acceso al sistema educativo y a las posibilidades de obtener una educación de calidad, a la igualdad en la oferta del sistema, en particular a lo referido a la infraestructura de los establecimientos". Por otra parte, Donoso Torres (1999, p. 161) habla de dos aspectos de la equidad: uno vertical: "quienes poseen mayor capacidad de pago deben contribuir en esa proporción", y otro horizontal: "aportarán una contribución igual los que estén en igualdad de condiciones". Para Adriana Puiggrós (1997, p. 95) se ha asociado equidad a *gratuidad*, para establecer –desde el discurso– que "la gratuidad será equitativamente distribuida".

Aun el discurso de la CEPAL –en el documento de 1990– es contradictorio, al relacionar *competitividad* con equidad: "Esta debe ser una década de transformación productiva, de cambio cualitativo, para lograr competitividad en el nuevo mercado mundial (...). La transformación productiva debe realizarse con equidad" (en Donoso Torres, 1999, p. 77).

Para Donoso Torres (1999, p. 109), el uso del concepto *calidad* puede llevar a confusión, ya que es una categoría polisémica que ha sido aplicada de distinta manera según distintas concepciones[17], y hacer referencia a ella implica involucrarse en juicios de valor; además de que –en diferentes épocas– ha tenido distintos significados (Gentili, 1994, p. 51).

En la legislación educativa argentina se toma la concepción conservadora que la presenta como un bien adquirible en el mercado –al igual que la educación– y no como un derecho de todos, ya que la "calidad reducida a un simple elemento de negociación mercantil, a mero objeto de compra

---

17   El Informe Internacional de la Organización para la Cooperación y Desarrollo Económicos (OCDE) "Escuela y calidad de la enseñanza" (1991, citado en Donoso Torres, 1999, p. 116), señala que "el concepto asume dos connotaciones básicas y una tercera que es la mezcla de las anteriores: Descriptiva: Se refiere a un atributo específico de la actividad escolar. Ej.: la escuela es de calidad si los niños aprenden. Normativa: Se refiere al grado de excelencia o al valor que se asigna a la actividad escolar, ej.: la escuela es de calidad porque sus profesionales son muy responsables. Descriptiva-Normativa: Se refiere a rasgos o juicios sobre la escuela que no son cuantificables. La escuela es de calidad porque tiene tradición". Por otra parte, advierte el autor (p. 110) que este mismo informe indica que "En varios contextos se han hecho formulaciones, algunas más precisas que otras, concernientes a la calidad de la educación, pero los estudios sistemáticos sobre esta materia son escasos y espaciados. Como resultado, las declaraciones relativas a la calidad no siempre se hallan bien basadas, sea cual fuere el sentido en que es empleado el término".

y venta en el mercado, asume su fisonomía y el carácter que define a cualquier mercancía: su acceso diferencial y su distribución selectiva" (Gentili, 1994, p. 72).

Para el Banco Mundial, la calidad de la educación se mide según los resultados, y así "'calidad' y 'eficiencia' (interna y externa) convergen en función de intereses que no son precisamente educativos" (Donoso Torres, 1999, p. 116).

Precisamente, en esta encrucijada educativa, se abordará en capítulos siguientes la reforma de la educación rural en la zona pampeana y bonaerense, inserta en el debate de la calidad y la eficiencia, con sus particularidades en distintos puntos geográficos.

CAPÍTULO 1: *Las propuestas de la Reforma Educativa*

Bibliografía

Bianchetti, G. (1994). Una metamorfosis doctrinaria: los fundamentos de la política educativa actual. En *Revista Argentina de Educación*, Año XII, Nº 21. Buenos Aires: AGCE.

Ministerio de Cultura y Educación de la Nación (1994). *Contenidos Básicos Comunes para la Educación General Básica.*

Ministerio de Cultura y Educación de la Nación (1997). *Contenidos Básicos Comunes para la Educación Polimodal.*

Coraggio, J. L. (1994). *Economía y Educación en América Latina.* Instituto Fronesis. Chile

Coraggio, J. L. (1995). *Las propuestas del Banco Mundial para la Educación: ¿Sentido oculto o problemas de concepción?* Buenos Aires: Mimeo.

Coraggio, J. L. y Torres, R. M. (1997). *La educación según el Banco Mundial. Un análisis de sus propuestas y métodos.* Buenos Aires: Miño y Dávila editores.

Donoso Torres, R. (1999). *Mito y educación. El impacto de la globalización en la educación en Latinoamérica.* Buenos Aires: Espacio.

Gentili, P. Apple, M. y Da Silva, T. T. (Comps.) (1997). *Cultura, política y currículo. Ensayos sobre la crisis de la escuela pública.* Buenos Aires : Losada.

Grassi, Hintze y Neufeld (1994). *Políticas social, crisis y ajuste estructural.* Buenos Aires: Espacio Editorial

Hillert, F.(1999). *Educación, ciudadanía y democracia.* Buenos Aires: Tesis II.

Ministerio de Cultura y Educación de la Nación (1994). *Ley Federal de Educación.* Buenos Aires, Secretaría de Programación y Evaluación Educativa.

Narodowski, M. (1996). *La escuela argentina de fin de siglo. Entre la informática y la merienda reforzada.* Buenos Aires: Novedades Educativas.

Paviglianitti, N. (1993). *La Ley Federal de Educación como elemento de regulación de la realidad socio-educacional en la Argentina.* Buenos Aires: Facultad de Filosofía y Letras.

Puiggrós, A. (1996). *Qué pasó en la educación argentina desde la conquista hasta el menemismo.* Buenos Aires: Kapelusz.

Puiggrós, A. (1997). *La otra reforma. Desde la educación menemista al fin de siglo.* Buenos Aires: Galerna.

Puiggrós, A. (2002). *Qué pasó en la educación argentina desde la conquista hasta el presente.* Buenos Aires: Galerna.

CAPÍTULO 2

EL TERCER CICLO DE LA EDUCACIÓN GENERAL BÁSICA RURALIZADA:

Descripción de documentos oficiales
e institucionales curriculares y no curriculares
de la Provincia de La Pampa

María Cecilia Blanco [1]
Cintia Lucero
Melina Muchiut
Daniela Roldán

Este capítulo aborda las características del Tercer Ciclo de la Educación General Básica de la modalidad Ruralizada, surgidas del análisis de documentos oficiales emanados del Ministerio de Cultura y Educación de la Nación y de la Provincia de La Pampa.

Consideramos oportuno mencionar que la EGB 3 Ruralizada responde a la estructura del Tercer Ciclo propuesto por el Ministerio de Cultura y Educación de la Nación en el Programa de Asistencia Técnica para la Transformación Curricular denominado "Alternativas para la Organización Pedagógica del Tercer Ciclo de la Educación General Básica".

Proyecto 7:

una nueva propuesta educativa para la EGB 3 Ruralizada

Si nos preguntáramos por qué existen las escuelas rurales podríamos decir que, entre otras causas, existen como una respuesta del Estado a las demandas de la comunidad rural, como una forma de evitar el éxodo de las familias y de las nuevas generaciones a las zonas más pobladas, como una manera de conservar las tradiciones familiares.

---

[1] Estudiantes de las Carreras Profesorado y Licenciatura en Ciencias de la Educación de la Facultad de Ciencias Humanas de la UNLPam (2002-2003).

El Estado, para garantizar el derecho a la educación a toda la población y, sobre todo, a los sectores más desfavorecidos, propuso una nueva modalidad educativa: la EGB 3 Ruralizada. Fue ésta una iniciativa del Plan Social Educativo del Ministerio de Cultura y Educación de la Nación que adquirió forma en el Proyecto 7.

Al respecto, en el Proyecto 7 (1997, p. 6) se expresa:

> (...) Pensamos en los ámbitos rurales de todo el país y en las situaciones particulares de sus escuelas incorporadas al Plan Social Educativo. Nos orientamos a las condiciones especiales de escolarización de los sectores más desfavorecidos, con el objetivo de potenciar las acciones y los recursos en beneficio de esa población. Asumimos, entonces, la responsabilidad de programar las acciones que se orientan a garantizar el derecho a la educación, y ofrecer posibilidades para compensar la desigualdad de oportunidades ante la educación obligatoria (...). Creemos que es posible, a través del desarrollo del mismo, crear condiciones pedagógicas que posibiliten el cumplimiento de la escolaridad obligatoria (...).

Dicho Proyecto intenta garantizar a los alumnos la posibilidad de completar la Educación General Básica obligatoria en el marco de la Ley Federal de Educación. Cuando se habla de garantizar la escolaridad obligatoria, se focaliza en los alumnos que tienen dificultades para acceder a la misma por diferentes motivos: problemas familiares, laborales, dificultades en el acceso a la institución educativa por falta de medios de movilidad, lejanía, intransitabilidad de los caminos por inundaciones o mal mantenimiento, entre otros.

A su vez, esta modalidad, al asegurar la escolaridad obligatoria, permite a los alumnos que desean continuar en otros niveles del Sistema Educativo acceder a otros estudios superiores, en este caso, el Polimodal.

En la Provincia de La Pampa, la implementación del Proyecto 7 está regulada por la resolución 482/98 del Ministerio de Cultura y Educación de la Provincia, según lo dispuesto en los Decretos Nº 1983/97 y Nº 484/98, la cual aprueba la puesta en funcionamiento de la modalidad del Tercer Ciclo Ruralizado en diferentes Sedes que agrupan las Unidades Educativas, las condiciones para la designación de docentes tutores e itinerantes y la capacitación de éstos, los espacios curriculares y las funciones del coordinador de las Unidades Educativas Ruralizadas.

A continuación se presenta la resolución 482/98 del Ministerio de Cultura y Educación de la Provincia de La Pampa:

Provincia de La Pampa

Ministerio de Cultura y Educación

SANTA ROSA, 28 DE MAYO 1998

Resolución 482/98

VISTO:

Lo dispuesto en los Decretos N° 1983/97 y N° 484/98; y

CONSIDERANDO:

Que es necesario implementar y organizar en el marco de lo dispuesto por el decreto N° 484/98 una propuesta educativa, acorde a la diversidad rural de nuestra provincia y diferente a los servicios que se prestan en áreas mediana y altamente urbanizadas.

Que la puesta en funcionamiento del Tercer Ciclo de modalidad Ruralizada, requiere de docentes que se comprometan con tareas específicas que se les asignarán;

POR ELLO:

EL MINISTERIO DE CULTURA Y EDUCACIÓN

RESUELVE:

Artículo 1°.- Aprobar las Sedes que agrupan las Unidades Educativas de la Modalidad Ruralizada del Tercer Ciclo, según consta en el ANEXO I, que forma parte integrante de la presente Resolución.

Artículo 2°.- Enumerar los cargos a cubrir en las respectivas Sedes, según la mención del ANEXO II que forma parte integrante de la presente Resolución.

Artículo 3°.-Aprobar las condiciones, procedimientos y prioridades para la designación en el cargo de MAESTRO TUTOR y de DOCENTES ITINERANTES para cubrir horas cátedras, en el Tercer Ciclo de la Modalidad Ruralizada, y establecer las funciones a cumplir, según lo dispuesto en los ANEXOS III y IV los que forman parte integrante de la presente Resolución.-

Artículo 4°.- Aprobar las funciones y tareas que corresponden desempeñar en el cargo de RESPONSABLE DE SEDE, de acuerdo a lo especificado en el ANEXO V, el que forma parte integrante de la presente Resolución.-

Artículo 5°.- Incorporar, a los docentes designados en la Modalidad Ruralizada para el Tercer Ciclo, en el programa de capacitación específica implementado por la Red Federal de Formación docente Continua.-

Artículo 6°.- La función de COORDINADOR DE LAS UNIDADES EDU-CATIVAS RURALIZADAS será ejercido por docentes que se encuentren desempeñando funciones en el ámbito de Cultura y Educación.-

---

Las Unidades Educativas Rurales se agrupan en dos sedes: Santa Rosa y General Pico, bajo la responsabilidad de la Dirección de EGB 3 del Ministerio de Cultura y Educación provincial y de las Coordinaciones de Zona.

Cada Unidad está coordinada por un Responsable de Sede. Sus funciones abarcan aspectos tanto del quehacer institucional como organizativos y administrativos, pedagógicos y comunitarios; son diversas y amplias, según lo expresa el anexo V de la Resolución 482/98.

Desde lo organizativo-administrativo el Responsable de Sede debe:

> (...). Organizar y administrar los recursos didácticos, materiales y financieros que reciba y posea cada escuela para implementar el Tercer Ciclo, y los propios de la Sede (...). Acordar y coordinar espacios para reuniones de carácter evaluativo, asesoría, capacitación, etc. (...). Mantener una comunicación permanente y fluida con organismos y/o instituciones diversas (Coordinación provincial, INTA, Directores del Nivel) (...). Actualizar periódicamente la información sobre el estado de cada una de las escuelas de su zona, en relación con: infraestructura, matrícula, personal docente, uso de recursos, impacto de los proyectos sobre la comunidad, características sociogeográficas (...).

Desde lo pedagógico:

> (...) Brindar toda la información disponible y la asistencia pedagógica posible a directivos, maestros tutores y equipos de profesores itinerantes, con el propósito de crear grados crecientes de compromiso y apropiación del proyecto (...) Realizar el seguimiento y detectar posibles obstáculos

que la operativización del proyecto suscite, a fin de promover modos de tratamiento y resolución (...) Implementar estrategias inherentes a la coordinación de personas y grupos, manejo de la información, uso de materiales, relaciones docente-escuela-padres (...) Diagnosticar y ser co-responsable de los resultados académicos y educativos que alcancen los alumnos (...).

Desde lo comunitario es función del Responsable de Sede:

(...) difundir e instalar en la comunidad el Proyecto (...) promover el interés por elaborar propuestas de participación comunitaria, entre otras (...).

A su vez, en el Anexo II de la Resolución 482/98 se explicita el personal afectado para la implementación del Proyecto 7:

(...) *Unidad de Gestión Central, integrada por: Coordinador del Departamento del Tercer Ciclo y Técnicos de la Dirección General de Departamento.

* Responsables de Sede: Designar para la etapa inicial año 1998 responsable de Sede de General Pico y de Santa Rosa.
* Coordinador de las Unidades Educativas Ruralizadas.
* Docentes Tutores: Cada Unidad Educativa atenderá con docentes Tutores al grupo de alumnos del Tercer Ciclo de la Educación General Básica según las necesidades generadas por matrícula y/o condiciones pedagógicas y organizativas.
* Equipos de Docentes Itinerantes: Construir para cada Sede, Equipos con Docentes Itinerantes quienes atenderán la implementación inicial del Tercer Ciclo de la Modalidad Ruralizada en las siguientes Áreas-Espacios Curriculares:

  - Matemática
  - Lengua
  - Ciencias Sociales
  - Ciencias Naturales
  - Tecnología
  - Formación Ética y Ciudadana
  - Proyecto Educativo y Calidad de Vida
  - Idioma
  - Educación Física
  - Educación Artística (...).

Por lo tanto, se deja en claro en los anexos anteriores que la implementación del Proyecto 7 requiere recursos materiales y monetarios: equipamiento didáctico, materiales curriculares (Cuadernos de Trabajo del Docente y de los Alumnos) y recursos humanos (docentes Tutores, profesores Itinerantes, coordinadores, etc.).

Una mirada a los aspectos curriculares y pedagógicos de las EGB 3 Ruralizadas

El *curriculum* prescripto, en la República Argentina, toma forma en los Contenidos Básicos Comunes [CBC] que explicitan el conjunto de conocimientos y saberes relevantes que integrarán el proceso de enseñanza en la Nación (Ley Federal de Educación).

A esta definición del *curriculum* que expresa el Ministerio es importante complementarla con la definición propuesta por Alicia de Alba (1993, p. 59), quien le imprime un sello político-ideológico. Para esta autora el *curriculum* es:

> (...) la síntesis de elementos culturales (conocimientos, valores, costumbres, creencias, hábitos) que conforman una propuesta político-educativa pensada e impulsada por diversos grupos y sectores sociales cuyos intereses son diversos y contradictorios, aunque algunos tiendan a ser dominantes o hegemónicos, y otros tiendan a oponerse y resistirse a tal dominación y hegemonía. Síntesis a la cual se arriba a través de diversos mecanismos de negociación e imposición social (...).

Es decir, reducir el *curriculum* a una mera selección de contenidos relevantes es obviar la connotación política, ideológica y social que lo caracteriza, pues en dicha selección intervienen intereses y propósitos diversos y/o divergentes que deben ser negociados y acordados con el objetivo de formar a las futuras generaciones según un determinado modelo de hombre y de mujer. Por lo tanto, la elaboración del diseño curricular en los diferentes ámbitos de concreción supone, a su vez, espacios de negociaciones e intercambios para decidir las características que tomará dicho diseño.

En el primer ámbito del diseño curricular se elaboraron los Contenidos Básicos Comunes que tienden a la formación del sujeto en competencias para el desempeño en la vida productiva.

   CAPÍTULO 2: *El Tercer Ciclo de la Educación General Básica Ruralizada*

(...) la educación básica proporciona los conocimientos, capacidades y actitudes esenciales para funcionar eficazmente en la sociedad. Las competencias básicas en las esferas generales como la expresión verbal, los conocimientos en computación, las aptitudes para comunicarse y resolver problemas se pueden aplicar a una amplia gama de medios laborales y puedan permitir a la gente adquirir capacidades y conocimientos específicos para el empleo en el lugar de trabajo (...). (Banco Mundial, 1996, p. 107)

Estas ideas, expresadas en los CBC, pretenden la formación de los sujetos para un desempeño valioso, eficiente, creativo, realizador de la persona y de los grupos.

El desarrollo de las competencias necesarias para esa formación requiere el trabajo de la escuela, que las debe garantizar a todos los sujetos que asisten a ella y que sólo podrá hacerlo desde un proyecto educativo sistemático, continuo y de calidad.

Los alumnos, en su paso por los diferentes ciclos de la Educación General Básica, desarrollan y construyen competencias con un grado de integración, complejidad y especificación progresiva. Se parte del entorno más próximo del sujeto y del análisis de situaciones concretas para llegar a niveles de análisis mundiales y crecientemente abstractos.

Para desarrollar las competencias, el Proyecto 7 propone que, a través del espacio curricular denominado "Proyecto de Calidad de Vida", los alumnos se apropien de conocimientos y construyan habilidades prácticas para elaborar proyectos en torno a temáticas referentes al medio circundante. Por ejemplo, en octavo año los alumnos estudian los diferentes procesos de potabilización del agua con el objetivo de transferir esos saberes a la comunidad.

Lograr esto implica que la escuela y la comunidad mantengan estrechos lazos que posibiliten al alumno transferir los conocimientos construidos a su medio. Al respecto en el Proyecto 7 (1996, p. 28)[2] se expresa:

(...) Los distintos contextos espaciales y sociales en que los alumnos a los que nos dirigimos se desempeñan, van dando características particulares a la vida cotidiana y a los conocimientos que los alumnos necesitan para desenvolverse en sus comunidades. Usted, como miembro partícipe de la comunidad, podrá reconocer sus particularidades. Es por eso que le proponemos que participe en este proyecto con su insustituible presen-

---

2   Ministerio de Cultura y Educación de la Nación. Plan Social Educativo. Presentación de la propuesta de enseñanza. Tercer Ciclo EGB en las escuelas rurales.

cia para contextualizar la propuesta, para hacerla valiosa y significativa para sus alumnos (...).

La intención de contextualizar la enseñanza va más allá de las necesidades particulares de cada uno de los alumnos; compromete a toda la comunidad en la que la escuela está inserta. En cada uno de los ámbitos en que la propuesta se desarrolla, es importante para los alumnos tomar contacto con los conocimientos propios de su comunidad, con las necesidades especiales de cada lugar, con la cultura de los pobladores y las características de la sociedad, con las condiciones y posibilidades de trabajo de cada ámbito.

Para dar respuesta a estas peculiaridades del medio, entendemos de fundamental importancia valorar las características de cada comunidad. Creemos que la escuela debe contar con los saberes y las experiencias que se generan en su comunidad, haciéndolos entrar a las aulas para enriquecer tanto las prácticas escolares como los aprendizajes de los alumnos.

El documento de referencia[3] considera, también, que "(...) la propuesta de Tercer Ciclo de EGB para las escuelas rurales está pensada, justamente, para que los alumnos reconozcan que su propia cultura forma parte del patrimonio cultural de la humanidad. El acceso a él es función ineludible de la escuela (...)" (p. 28).

La importancia de la relación entre la escuela y la comunidad en el Tercer Ciclo de las escuelas rurales debe ser expresada con claridad en el Proyecto Educativo Institucional [PEI]. Aquí adquiere importancia la figura del Director ya que debe "(...) Propiciar la adecuación del PEI de modo que refleje la complejidad institucional que determine la puesta en marcha del Tercer Ciclo Ruralizado (...)" (p. 1)[4].

Por ello, en un segundo ámbito del diseño curricular, el institucional, se debe elaborar un proyecto educativo teniendo en cuenta el contexto cercano de la escuela, las problemáticas propias de la institución, las características de los actores institucionales, entre tanto. A partir de esto se realiza una nueva selección de contenidos. Es importante que cada institución cuente con autonomía real para llevar a cabo el PEI, sobre todo, si se lo considera como una hipótesis que debe ser desarrollada en la práctica teniendo en cuenta la

---

3 Ministerio de Cultura y Educación de la Provincia de La Pampa. Plan Social Educativo. Op. Cit.

4 Ministerio de Cultura y Educación de la Provincia de La Pampa. Departamento del Tercer Ciclo EGB. Funciones del Director.

complejidad del contexto en el cual se implementa, los aspectos subjetivos que intervienen en la interpretación y desarrollo, la capacitación y formación docente, los diferentes actores institucionales, entre otros. En este sentido, es importante generar espacios para la deliberación y la toma de decisiones, construir canales de comunicación e información que permitan reflexionar sobre el desarrollo del PEI en la institución con el objetivo de seleccionar las estrategias necesarias frente a las problemáticas que se presenten.

En cambio, en el tercer nivel de diseño curricular cobra significación la acción del docente. Es éste quien debe seleccionar determinadas metodologías, actividades, contenidos; agrupar a los alumnos; organizar la disposición de los espacios, el uso de tiempo; elegir las formas de evaluación, entre tantas, llevando a cabo su trabajo desde una determinada ideología, concepción de enseñanza, de aprendizaje y desde determinados conocimientos disciplinares. Es en este ámbito donde se desarrolla, en la vida del aula, el *curriculum* real.

El currículo real es producto del prescripto, de las normativas institucionales, de la cultura de los docentes y de los libros de textos elaborados por las editoriales y utilizados en el interior del aula.

Al afirmar que el diseño curricular se concreta en diferentes ámbitos es cuestionable el supuesto de que el *curriculum* es sólo el documento que determina los contenidos a enseñar en las escuelas y, por lo tanto, en las aulas. Esta idea, necesariamente, nos conduce a comprenderlo desde un análisis más profundo y complejo, que significa considerarlo, según Lawrence Stenhouse (1984), como una hipótesis que debe ser desarrollada en el aula. El docente, desde esta perspectiva, se convierte en un investigador de su propia experiencia de enseñanza porque es en sus prácticas donde deberían desarrollarse las ideas y supuestos pedagógicos prescriptos en el *curriculum*.

En este ámbito, y en particular en la modalidad ruralizada, cobra gran importancia el trabajo del maestro Tutor, quien está día a día con los alumnos; también el del docente Itinerante, quien realiza visitas periódicas a las escuelas de Tercer Ciclo Ruralizado. Cada uno de estos docentes debe desempeñar funciones específicas que serán descriptas posteriormente.

El último nivel de concreción curricular está constituido por los textos, guías y materiales, producto de diferentes propuestas editoriales. Según Frigerio, Braslavsky y Entel (1998, p. 20), éstas pueden entenderse como:

> (...) la mediación de la que son responsables las empresas editoriales ya que, en la práctica el plan de estudios se materializa, en nuestro sistema

escolar en libros de textos. Éstos se constituyen en el exponente de la selección de contenidos a enseñar y se comportan como un reservorio de conocimientos al que recurren docentes y alumnos (...).

En este nivel, en la EGB 3 Ruralizada, se ubican los Cuadernos de Trabajo para los docentes y los Cuadernos de Trabajo para los alumnos.

Modelo didáctico

A partir de la Reforma Educativa, en nuestro país los contenidos se organizan en conceptuales, procedimentales y actitudinales; la disposición generada en el ámbito nacional fue adoptada por las provincias y consecuentemente por las instituciones educativas.

Estos contenidos o saberes constituyen un vértice del triángulo didáctico. Sobre el particular en el Proyecto 7 (1996, p. 16)[5] se expresa:

> (...) Nuestra propuesta se caracteriza por incorporar a los componentes del 'triángulo didáctico' los materiales curriculares especialmente producidos por el PSE [Plan Social Educativo] para este proyecto: Cuadernos de Trabajo para los alumnos y Cuadernos del Docente (...).

Esto coincide con lo expuesto en el "Modelo Didáctico" desarrollado en el "Marco General de los Diseños Curriculares de los distintos niveles, regímenes y modalidades del Sistema Educativo Pampeano", ya que sostiene que la dimensión didáctica de la actividad escolar debe tener en cuenta la naturaleza del saber que se está intentando comunicar, la naturaleza del proceso cognitivo del alumno y la acción que ejerce el docente para garantizar la comunicación de ese saber, para cumplir con la función social que le ha sido encomendada y que lo hace responsable del aprendizaje. Por esta razón, el sistema didáctico o también denominado triángulo didáctico, planteado por Yves Chevallard (1999) en su obra *La transposición didáctica*, está conformado por tres vértices: el docente, el alumno y el saber.

Si nos posicionamos en uno de los vértices de ese triángulo, el del saber, se observa que en el Tercer Ciclo de las EGB Ruralizadas se intenta "(...) Garantizar que los alumnos recorran todo ese camino, significa asumir el

---

5   Ministerio de Cultura y Educación de la Provincia de La Pampa. Plan Social Educativo. Op. Cit.

compromiso de que accedan al 'conjunto de saberes relevantes que integran el proceso de enseñanza de todo el país' (CBC) (...)" (p. 29)[6].

En el vértice del saber ubicamos la decisión del Ministerio de Cultura y Educación de la Nación, en el ámbito del diseño curricular, de organizar los contenidos en conceptuales, procedimentales y actitudinales, justificando esta distinción con la idea de que en la escuela se debe enseñar una complejidad y variedad de contenidos; distinción que en la EGB 3 de modalidad rural ha sido adaptada según lo prescripto en los CBC.

La separación de los contenidos puede conducir a la fragmentación errónea de los mismos. Reflexionar sobre este punto es de suma importancia, sobre todo cuando los docentes planifican la enseñanza, para no caer en la confusión y consecuente incertidumbre de no saber si enseña un concepto, un procedimiento o una actitud; o en la duda acerca de cuáles de estos contenidos enfatizar a la hora de enseñar. Ello podría acarrear consigo problemáticas en el momento de enseñar el contenido ya que una de las cuestiones que favorece la aparición de la patología de la transposición didáctica es la fragmentación del mismo.

Para comprender otro de los vértices, el del alumno, es necesario tener en cuenta cuestiones psicológicas, sociológicas, y si se quiere, hasta biológicas. Al respecto, Juan Ignacio Pozo (1990, p. 162), en su trabajo titulado "Lo que muchos profesores están deseando saber sobre el aprendizaje y nunca saben a quién preguntar", expresa:

> (...) Las características psicológicas del alumno condicionan lo que es posible hacer en el aula. Estas características pueden agruparse en tres aspectos: su desarrollo afectivo y emocional, el desarrollo cognitivo o intelectual y la forma en que aprenden. Habitualmente, cuanto más pequeño es el alumno, cuanto menor es su edad y por lo tanto mayores son sus diferencias psicológicas con los adultos, más se tiene en cuenta este aspecto (...). A medida que el alumno va pareciéndose más a un adulto, van suprimiéndose las consideraciones psicológicas, hasta llegar a la Universidad donde hay una escasa sensibilidad por los problemas didácticos derivados de la psicología del alumno. Sin embargo, los estudios actuales en psicología del aprendizaje y la institución muestran que estos condicionantes están presentes no sólo a todas las edades,

---

6   Ministerio de Cultura y Educación de la Provincia de La Pampa. Plan Social Educativo. Op. Cit.

incluidos los alumnos universitarios y adultos, sino en toda actividad de aprendizaje (...).

En el proyecto 7 el vértice del alumno es considerado desde el aprendizaje significativo, el aprendizaje autónomo y el grupo como contexto de aprendizaje. Al respecto se afirma (p. 16)[7]:

> (...) un aprendizaje será significativo en la medida en que todo nuevo conocimiento pueda vincularse a los que ya poseen los alumnos y se integre con ellos. Así se jerarquizan las ideas, se incluyen unos conceptos en otros más generalizables, se diferencian las características particulares de cada conocimiento, etcétera. Es en esos saberes construidos previamente donde se pone de manifiesto la diversidad vital, experiencias, conocimientos que poseen los alumnos (...).

Además, el Proyecto 7 considera los saberes previos de los alumnos como un puente con los nuevos conocimientos que potencialmente podrán construir y ofrece recomendaciones a los docentes para tener en cuenta en el proceso de enseñanza y aprendizaje.

Este proyecto manifiesta, además, que todo lo que el docente detecte como conocimientos previos de sus alumnos constituirá una posibilidad para establecer "puentes" con los nuevos conocimientos; por lo tanto las habilidades desarrolladas en la cultura serán de utilidad para la aplicación del conocimiento a diversas áreas.

Como se puede observar, la concepción de aprendizaje que sustenta el Proyecto 7 se desprende de la teoría del aprendizaje elaborada por David Ausubel, quien postula la tesis del aprendizaje significativo. Esta idea que sostiene la propuesta de enseñanza de la EGB 3 Ruralizada se corresponde con lo expuesto en el Marco General de los Diseños Curriculares de los distintos niveles, regímenes y modalidades del Sistema Educativo Pampeano (1998) y se la esquematiza del siguiente modo:

---

7   Ministerio de Cultura y Educación de la Provincia de La Pampa. Plan Social Educativo. Op. Cit.

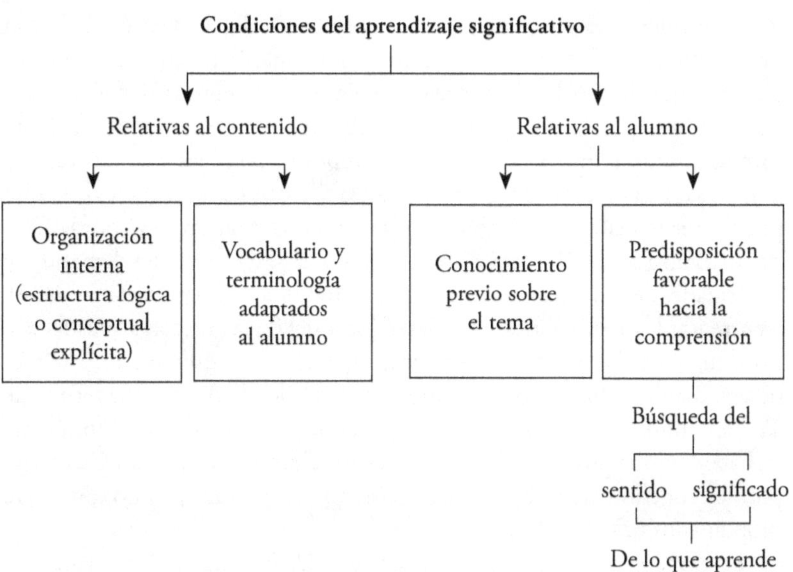

La propuesta de enseñanza que se presenta pretende desarrollar modalidades de aprendizaje autónomo. Acerca de esto el Ministerio de Cultura y Educación de la Nación afirma: "(...) Los Cuadernos de Trabajo para los alumnos están elaborados con el objeto de dar lugar a aprendizajes que progresivamente les permitan construir modalidades autónomas de trabajo (...)" (p. 17)[8].

Para lograrlo se sugieren dos estrategias: el alumno trabajando individualmente y el grupo como contexto de aprendizaje. En relación con la primera estrategia se intenta que el alumno resuelva las actividades según sus tiempos y posibilidades. Además, se considera la interacción del alumno con diferentes objetos: libros, videos, *cassettes*, calculadoras, entre otros, para que el mismo aprenda contenidos y, por consiguiente, construya estrategias de aprendizaje que le permitan acceder a niveles más complejos y abstractos de pensamiento.

En la modalidad del Tercer Ciclo Ruralizado la concepción del aprendizaje no puede estar disociada de los Cuadernillos de Trabajo destinados

---

8   Ministerio de Cultura y Educación de la Provincia de La Pampa. Plan Social Educativo. Op. Cit.

a los alumnos para el abordaje de las áreas curriculares, pues éstos fueron propuestos por el Plan Social Educativo como una alternativa para aquellos alumnos que no pueden asistir regularmente a clase porque tienen la necesidad de incorporarse al trabajo o de colaborar en tareas familiares. De esta forma, podrán seguir la tarea en sus tiempos disponibles y en sus casas y al regresar a la escuela continuarán avanzando con las actividades que sólo pueden ser resueltas en el ámbito escolar. Desde este punto de vista, la oferta de enseñanza para el Tercer Ciclo Ruralizado tiene en cuenta las demandas y necesidades de la comunidad rural; ofrece una alternativa para dar respuesta y enfrentar la problemática de la deserción y del fracaso escolar que afecta a los alumnos de las instituciones educativas rurales con dificultades a la hora de estudiar y trabajar simultáneamente. Por ello: "(...) Los Cuadernos de Trabajo son materiales individuales, para que cada uno de los niños pueda trabajar con sus propios elementos. Que los alumnos posean un Cuaderno propio, contribuye al objetivo de construir el aprendizaje autónomo que proponemos (...)" (p. 20)[9].

Estos materiales presentan, también, actividades para resolver en grupo y para consultar con el maestro, tienen una carga horaria determinada para su abordaje y resolución y cada uno de ellos representa los distintos Capítulos de los CBC. Los mismos "(...) no constituyen el único modo de aproximación al conocimiento que se ofrecerá a los alumnos (...) hace referencia a la implementación de otros recursos, que contemplan y profundizan el tratamiento que se propone para los contenidos (...)" (p. 26)[10].

Los Cuadernos de Trabajo desarrollan unidades didácticas. Cada una de ellas contiene la introducción a la unidad, donde se anticipan los temas a tratar y su relación con otros. Presenta la propuesta general de trabajo e invita a los alumnos a participar del proceso de aprendizaje. Aparece una secuencia de actividades referidas a los temas y subtemas que se tratan en la unidad; se plantean diversos tipos de actividades, diferentes modos de abordar los contenidos. También tiene sugerencias respecto de dónde resolver las actividades: a continuación del texto o al final del Cuaderno (en hojas en blanco dispuestas para ello); en este último caso, los alumnos indicarán el número correspondiente y la fecha en que inician su realización; por

---

9   Ministerio de Cultura y Educación de la Provincia de La Pampa. Plan Social Educativo. Op. Cit.

10   Ministerio de Cultura y Educación de la Provincia de La Pampa. Plan Social Educativo. Op. Cit.

último, una actividad de cierre que retoma lo trabajado y representa una forma de integración y síntesis de los contenidos.

Cabe aclarar que el Cuaderno de Trabajo para los alumnos no pretende sustituir la figura del maestro porque su presencia es fundamental en todo proceso de enseñanza y aprendizaje. Por esta razón, en el Proyecto 7 se explicita: "(...) no estamos pensando en que los alumnos podrán resolver su escolaridad sólo con los Cuadernos. Su presencia como maestro es irreemplazable para asegurar la permanencia de los alumnos en el sistema educativo y contribuye a promover en ellos el compromiso por esta propuesta (...)" (p. 18)[11].

En cuanto a la segunda estrategia, el grupo como contexto de aprendizaje, se manifiesta la importancia del grupo de compañeros para el intercambio de ideas, la consulta y la resolución conjunta de tareas o distribución de trabajos. Además, en los Cuadernos se prevén actividades en grupo considerándose a éste como un ámbito facilitador del aprendizaje.

Para finalizar con la descripción de este vértice y retomando la importancia de la contextualización del proceso de enseñanza y aprendizaje en la modalidad educativa abordada, se intenta que el alumno construya, por medio de diferentes experiencias educativas, aprendizajes relacionados con su entorno social y cultural; en otras palabras, aprendizajes relevantes para la inserción laboral en la comunidad local.

Por último, y a fin de caracterizar al docente, otro de los vértices del triángulo didáctico, es necesario definir la enseñanza. Sobre este terreno los especialistas han construido conceptualizaciones que no siempre impactan en las prácticas.

La enseñanza.
Rol de los docentes

Según Domingo José Contreras (1990), la enseñanza es una práctica humana, es una actividad en la que unas personas ejercen influencia sobre otras. Por eso se habla de una relación de desigualdad de poder y autoridad entre profesor y alumnos. Además, es una práctica humana porque

---

11   Ministerio de Cultura y Educación de la Provincia de La Pampa. Plan Social Educativo. Op. Cit.

responde a una intencionalidad educativa ya que las actividades se llevan a cabo conforme a determinadas finalidades. Así, la enseñanza compromete moralmente a quien la realiza debido a que es el docente quien debe decidir qué y cómo enseñar teniendo en cuenta una determinada concepción de aprendizaje, de enseñanza, la propuesta de educación del país que se expresa en el *curriculum*, la función que se le asigna en la actualidad.

De acuerdo con lo anterior, en la propuesta de enseñanza del Proyecto 7 participará una red de docentes conformada de la siguiente manera:

a. Permanente:
- Los actuales maestros (que asumirán el rol de tutores de los alumnos).
- Los actuales directivos.

b. Itinerante:
- Supervisores y responsables de sede, que centralizarán el seguimiento de las experiencias en las escuelas.
- Especialistas de áreas, que apoyarán las tareas de los maestros tutores. (...) (p. 10)[12].

En lo referente a la función de los docentes que están en forma permanente con los alumnos se les propone que sean tutores de estos últimos llevando a cabo la tarea de acompañamiento, apoyo y orientación en la resolución de los Cuadernos de Trabajo de los Alumnos, planificación de las contextualizaciones necesarias para la comprensión de los contenidos y organización y gestión de los proyectos que se encaren en la institución educativa en la que desempeñan su rol. A su vez, contarán con el apoyo y acompañamiento del equipo de docentes Itinerantes que los asesorarán en cuestiones referentes a las disciplinas y áreas curriculares.

A estas funciones que se asignan a los docentes Tutores en el Proyecto 7 se suman las detalladas en el Anexo III de la Resolución 482/98, aprobada por el Ministerio de Cultura y Educación de la Provincia de La Pampa:

---

12   Ministerio de Cultura y Educación de la Provincia de La Pampa. Plan Social Educativo. Op. Cit.

* Realizar el seguimiento personalizado de los aprendizajes de los alumnos de todas las áreas curriculares.
* Constatar la continuidad de los estudios y realizar visitas domiciliarias.
* Atender las consultas de los alumnos y ayudarlos a interpretar las actividades.
* Asistir a los alumnos en el uso de bibliografía y el equipamiento didáctico.
* Verificar la asistencia y el cumplimiento de las tareas de los alumnos.
* Registrar y organizar las consultas de los profesores itinerantes que periódicamente visiten la escuela.
* Sostener y garantizar un aprendizaje de calidad en los alumnos, orientando y organizando las tareas de aprendizaje y enseñanza socialmente funcionales y significativas.

En lo Institucional:
* Participar en el grupo de docentes de la Institución en la elaboración, ejecución y evaluación del PEI.
* Respetar y hacer uso creativo de los tiempos que la normativa y la necesidad de la Institución determinan, priorizando la función pedagógica que el proyecto exige.
* Colaborar activamente en las propuestas de los Proyectos de Calidad de Vida.

En la planificación y organización del trabajo:
* Conocer en profundidad todos los materiales de trabajo de los alumnos: los específicos facilitados por el proyecto y los que pueda disponer la institución.
* Analizar y asimilar conscientemente los "Cuadernillos del Docente" y recursos que lo acompañen, y realizar actividades-prácticas oportunas, funcionales y significativas.
* Organizar y hacer uso óptimo de los recursos facilitando a los alumnos su aprovechamiento máximo.
* Organizar las tareas de modo de disponer de tiempos planificados anticipadamente para el trabajo con el equipo itinerante y, a la vez, garantizar una asistencia de los alumnos en una estructura flexible y dinámica.

En la enseñanza:
* Organizar situaciones de enseñanza que hagan significativa la concurrencia de los alumnos a la escuela.
* Elaborar y poner en marcha, junto con el equipo itinerante, por lo menos dos proyectos de trabajo durante el ciclo lectivo.
* Generar los puentes que faciliten la transición entre un ciclo y otro, un año y otro, y entre niveles.
* Orientar los procesos de aprendizaje a partir de las propuestas de los Cuadernos de Trabajo y otras situaciones de aprendizaje.
* Constatar los avances y evaluar situaciones reales de aprendizaje de manera conjunta con los docentes itinerantes.
* Coordinar los espacios curriculares junto con los docentes del equipo itinerante.
* Proporcionar a los docentes itinerantes información de retroalimentación para el ajuste o diseño de nuevas actividades de aprendizaje.

* Promover el interés por los recursos y actividades que se propongan: actividades de los cuadernos de Trabajo, indagación bibliográfica, resolución de actividades entre pares, consultas a los profesores itinerantes, la indagación, estudio y proyección de tareas vinculadas al entorno comunitario y natural.
* Alentar la continuidad del trabajo de los alumnos e implementar acciones alternativas que superen dificultades que los alumnos manifiesten: intereses individuales de carácter social, personal, laboral o escolar.

En el trabajo con la comunidad:
* Programar encuentros-visitas con padres u otras instituciones de la zona.
* Comprometer a la comunidad en la propuesta del Tercer Ciclo para las escuelas de zona rural y pequeñas poblaciones.

En síntesis, en las normativas concernientes a la EGB 3 Ruralizada se explicita que el equipo docente está formado por docentes tutores que acompañan a los alumnos en forma permanente en la construcción de los aprendizajes y tienen, por lo tanto, que desempeñar las mismas funciones que los docentes urbanos en cuanto a cuestiones didácticas; a su vez deben acompañar, apoyar y orientar a los alumnos en la resolución de los Cuadernos de Trabajo, planificando las contextualizaciones que favorezcan los aprendizajes. Desde un encuadre institucional, es responsabilidad del docente Tutor organizar y gestionar los proyectos que se encaren en la escuela, programar encuentros-visitas con padres u otras instituciones de la zona y comprometer a la comunidad en las propuestas del Tercer Ciclo.

Con referencia a elementos didácticos curriculares, debe tenerse en cuenta lo siguiente:

* A los docentes se les entrega materiales curriculares especialmente producidos para este proyecto por el Plan Social Educativo.
* Se trata de los Cuadernos de Trabajo para los alumnos y los Cuadernos del Docente.
* Los alumnos recibirán cuatro Cuadernos para cada uno de los Capítulos de los CBC utilizados en el año. Serán, entonces, veinte Cuadernos para ser trabajados durante el ciclo lectivo, con un tiempo estimado de 40 horas por Cuaderno.
* En los Cuadernos del Docente se desarrolla la fundamentación de cada una de las unidades didácticas. (...) (p. 11)[13]

---

13   Ministerio de Cultura y Educación de la Provincia de La Pampa. Plan Social Educativo. Op. Cit.

Es necesario detenerse un instante para considerar la función docente en relación con el uso obligatorio de los Cuadernos del Docente y los Cuadernos de Trabajo para los alumnos debido a que el docente, por un lado, puede optar por circunscribir su práctica de enseñanza a la simple utilización de los cuadernillos, situación que resta autonomía al trabajo del docente Tutor, limitando la posibilidad de pensar su práctica para reconstruirla en una oferta de enseñanza y de aprendizaje innovadora. Por otro lado, puede optar por generar otra en la cual los contenidos de los cuadernillos sean resignificados por los alumnos por medio de las diferentes contextualizaciones que realiza teniendo en cuenta el grupo clase, las particularidades de la institución escolar y el contexto.

Esta última postura es la que se refleja en las normativas abordadas que refieren a las funciones que debe desempeñar el docente Tutor en el Tercer Ciclo Ruralizado.

En síntesis, el rol del docente Tutor no es un rol pasivo, pero depende de cómo se posicione éste frente a la norma cumpliendo estrictamente lo que los cuadernillos ofrecen o imprimiéndole un sello particular a sus prácticas. Esto mismo le sucede a los docentes de las escuelas urbanas cuando deciden centrar sus prácticas de enseñanza en un libro de alguna editorial que, por supuesto, también presenta actividades pautadas, o, en caso contrario, optan por construir propuestas de enseñanza propias.

Los docentes Itinerantes, especialistas en cada área, realizan visitas periódicas a las instituciones para apoyar la tarea de los maestros Tutores, supervisan las experiencias de cada escuela, piensan y llevan a cabo tareas de planificación y enseñanza interdisciplinaria ligada a la práctica. Para esto deben participar en la cogestión y evaluación de los proyectos de cada Unidad Educativa. También atienden la consulta de los alumnos creando situaciones didácticas que promuevan mejores posibilidades de aprendizajes. Además, dan respuesta a los requerimientos de los padres ante eventuales consultas. Estos docentes, al igual que algunos profesores urbanos, son "docentes taxis" que van de una escuela a otra, lo cual dificulta el sentido de pertenencia institucional.

A continuación se exponen las funciones que debe cumplir el docente Itinerante, según la resolución 482/98 del Ministerio de Cultura y Educación de la Provincia de La Pampa:

Anexo IV
Equipo docentes itinerantes

Cada docente itinerante conforma un EQUIPO DE TRABAJO con funciones particulares.

FUNCIONES:

*   Garantizar la aplicabilidad del Proyecto del Tercer Ciclo en las escuelas de ámbito rural, facilitando, brindando apoyo y acompañando las tareas curriculares.
*   Asesorar, acompañar, y asistir a los docentes tutores y atender a los alumnos en la enseñanza de las áreas.
*   Adecuar los diseños curriculares y la atención de las escuelas según los contextos socio-geográficos en concordancia con los Proyectos Educativos Institucionales y en función de las circunstancias pedagógicas curriculares que aparezcan.
*   Analizar y hacer uso óptimo de los recursos.
*   Visitar y asistir pedagógicamente a las distintas escuelas durante cuatro días de los cinco destinados a sus tareas.
*   Participar e integrar la Unidad de Gestión Local destinando tiempos para cogestionar y evaluar la implementación del proyecto, aportando creativamente ideas y acciones.
*   Contextualizar y programar acciones pedagógicas según los Proyectos Educativos Institucionales y Culturales, y en relación con los Docentes Tutores.
*   Disponer espacios para brindar asesoramiento y tareas de enseñanza, siendo corresponsables en los resultados que se obtengan en su área de competencia.
*   Atender consultas de los alumnos y elaborar situaciones didácticas que promuevan mejores posibilidades de aprendizaje.
*   Atender los requerimientos de los padres ante eventuales consultas.
*   Pensar y accionar tareas de planificación y de enseñanza interdisciplinaria y ligadas a la práctica.

De acuerdo con el anexo IV los maestros Tutores y los profesores Itinerantes cumplen funciones diferenciadas pero complementarias. Diferenciadas porque el Tutor planifica la enseñanza teniendo en cuenta que coordina en un aula de plurigrado de Tercer Ciclo. Asimismo, la planificación contempla todas las disciplinas, asesorada por el equipo Itinerante. Se atiende la disciplina dentro del proyecto curricular, como asimismo el grado de avance en los aprendizajes de cada uno de los alumnos de las escuelas en las cuales trabaja. Dicho equipo tiene funciones complementarias porque es imprescindible que en conjunto planifiquen y elaboren actividades de profundización o ejercitación teniendo como base los Cuadernillos de Trabajo de los alumnos.

En lo que respecta a la concreción del trabajo en equipo, el obstáculo principal reside en que los profesores Itinerantes, al ser viajeros, tal como lo expresan algunos de ellos, disponen de escaso tiempo institucional para realizar las mencionadas actividades; ello dificulta al docente Itinerante conocer en profundidad el proyecto institucional de cada unidad educativa que visita.

La planificación en las EGB 3 Ruralizadas

La planificación dentro del Proyecto 7 es considerada una de las prácticas docentes fundamentales, sobre todo si se tiene en cuenta que la implementación de dicho proyecto marca nuevas relaciones entre los miembros de la institución planteando una propuesta de enseñanza basada en los Cuadernos de Trabajo, y por lo tanto, generando una nueva organización del ciclo y una nueva forma de enseñar y de aprender.

Sobre el particular, en el documento denominado "Y ahora... ¿cómo planificamos?" presentado por el PSE (1998, p. 12) se expresa:

> (...) La práctica de la enseñanza necesita siempre una cierta organización. Dentro de ella, habitualmente tiene cabida la indeterminación propia de los procesos que se desarrollan para su realización (Gimeno Sacristán). Esta organización requiere de una visión previa (una pre-visión) de aquello que se va a realizar, es decir necesita prever las relaciones que se establecerán entre profesores, alumnos, materiales, contenidos, tiempo y objetivos pretendidos (...).

Planificar, entonces, implica considerar elementos sobre los que hay que decidir, estudiar las consecuencias de su interacción y evaluar su influencia en los resultados.

De acuerdo con la postura del Ministerio de Cultura y Educación de la Nación (1998), "La planificación puede ser pensada como un conjunto de procesos básicos por medio de los cuales una persona se representa el futuro, pasa revista a medios y fines, y construye un marco o estructura que le sirva de guía para su actividad futura" (Wittrock, p. 13)[14].

---

14   Ministerio de Cultura y Educación de la Nación. PSE. 1998. "Y ahora... ¿cómo planificamos?".

En lo que respecta a la planificación y retomando a Dino Salinas Fernández, la misma constituye:

> (...) un proceso que tiene lugar en una situación de reflexión por parte del profesor (o de varios profesores) (...) y que deriva en la identificación, organización y solución de problemas derivados de anticipar las líneas básicas de un curso de acción en el aula, lo cual viene a representar un marco de referencia, más o menos ordenado, para hacer y pensar acciones y tareas en el aula (...). (p. 2)

Si entendemos la planificación desde la postura de Dino Salinas (1990) es que puede considerar que en el documento presentado por el PSE para las EGB 3 Ruralizadas, que trata dicha temática, sólo se manifiestan los momentos pre-activo e inter-activo de la planificación, expresándose que:

> (...) proporciona el andamiaje básico que incidirá en la tarea posterior del docente, en el momento de su puesta en práctica en la clase. Es por eso que la planificación es un instrumento de trabajo del docente en el que se juega el llamado momento "pre-activo" (...). Así entendida, la planificación didáctica no es ya útil sino indispensable para que el maestro pueda sostener su intencionalidad didáctica y no quedar reducido, por ejemplo, sólo a lo que los alumnos puedan o deseen hacer. (...).

El momento pos-activo de la planificación dentro de esta propuesta no es explicitado. En la oferta de enseñanza del Tercer Ciclo Ruralizado se expresa que la planificación se debe sistematizar en un plan de trabajo que contemple:

- Los horarios de clases o distribución de áreas en la semana de clases según la carga horaria vigente.
- Los tiempos que se prevén para el desarrollo de una unidad.
- Los contenidos que los alumnos trabajarán con el profesor itinerante y con el maestro tutor.
- Las actividades que se implementarán.

Por lo tanto,

> (...) El plan de trabajo ayuda a compatibilizar las acciones del maestro y de cada uno de los profesores, por lo que se convierte en un espacio de discusión y convergencia entre ellos frente a la tarea de enseñar. (...) es el fruto de un trabajo compartido en el que se registran tanto aportes de maestros como de profesores. Este trabajo, en ocasiones, se ve

dificultado por el escaso tiempo disponible (...). (Ministerio de Cultura y Educación, p. 13)

La evaluación en EGB 3 Ruralizadas

Les compete evaluar al Maestro Tutor y al Profesor Itinerante.

En el ámbito educativo, la evaluación es un tema complejo y, a su vez, problemático, ya que constituye una práctica que está signada por las diversas concepciones que los sujetos tienen de ella. Hay concepciones que se acercan más a la idea de evaluación como control, mientras otras se alejan de éstas para acercarse a una perspectiva más holística.

A la evaluación como control de los aprendizajes se la denomina sumativa porque lo importante es poder decir cuánto han aprendido y progresado los alumnos. Se centra en los productos de enseñanza y de aprendizaje y permite la clasificación de éstos.

A diferencia de la evaluación como control, Gimeno Sacristán (1993, p. 387) expresa:

> (...) La evaluación integrada de manera natural en el proceso didáctico tiene que abarcar al alumno como ser que está aprendiendo. Por eso es globalizadora de toda su personalidad, holística (abarca todo) (...) Este conocimiento global requiere comunicación con él, comprender sus problemas, circunstancias, su trabajo escolar. Aun en el caso de restringirnos a la evaluación del rendimiento de un área o asignatura, el conocimiento que pueda obtener el profesor de las pruebas formales o de los exámenes es insuficiente para tener acceso a los procesos de aprendizaje, comprender sus dificultades, las ideas previas que convendría tratar de modificar, las actitudes hacia la materia, los significados personales que atribuye a lo aprendido, etc. (...).

El mismo autor considera que, de esta manera, la evaluación continua tiene coherencia pedagógica sólo si la entendemos desde la perspectiva informal con fines formativos, realizada por los profesores dentro de las prácticas habituales de trabajo y de seguimiento de tareas, en un clima de fluida comunicación, donde es posible conocer directamente al alumno sin tener que aplicarle exámenes desligados del trabajo normal para comprobar sus adquisiciones, carencias, posibilidades, etc. Y agrega que el carácter renovador de la misma está en que se interprete como sinónimo de información constante sobre el progreso del alumno y la consiguiente orientación al mismo. Para los profesores consiste en una actitud investigadora atenta a la complejidad del aprendizaje, para apreciar tanto sus productos, como los procesos que llevan a ellos y los factores que condicionan a ambos.

En el Proyecto 7 el tema de la evaluación es tratado específicamente en el documento presentado por el Plan Social Educativo denominado "La evaluación permanente y la corrección de los Cuadernos de Trabajo"[15]. En dicho documento, si bien se menciona la evaluación permanente, no se la define. Sólo se hace referencia a la corrección como una práctica fundamental de los docentes y como elemento, también fundamental, de la evaluación permanente. Al respecto se expresa "(...) Entendemos a la corrección como la revisión de los trabajos de los alumnos con el objetivo de orientarlos para su mejoramiento; de esta manera se constituye en un elemento fundamental de la evaluación permanente (...)" (p. 2).

Según lo expresado en el documento mencionado la corrección tiene como objetivos:

Para los docentes:
* Informarse acerca de la producción del alumno.
* Dar cuenta de los estados parciales a los que arriba el alumno en su proceso de aprendizaje.
* Trabajar posibles errores conceptuales o de procedimiento.
* Alentar los logros.
* Identificar las dificultades que aparezcan en algún tema para trabajarlos de otra manera o en otro momento.

Para los alumnos:
* Informarse acerca de los logros o dificultades de la propia producción.
* Trabajar sobre los errores señalados por los docentes.
* Retomar aspectos de las actividades para poder estudiar. (...). (p. 3)[16]

Puede verse, entonces, que la corrección es parte constitutiva del proceso de evaluación. En el documento presentado por el PSE se concibe al error como parte de la construcción de los aprendizajes proponiéndose que las

---

15   Ministerio de Cultura y Educación de la Provincia de La Pampa. PSE. "La evaluación permanente y la corrección de los Cuadernos de Trabajo".

16   Ministerio de Cultura y Educación de la Provincia de La Pampa. PSE. *La evaluación permanente y la corrección de los Cuadernos de Trabajo.*

    CAPÍTULO 2: *El Tercer Ciclo de la Educación General Básica Ruralizada*

correcciones permitan orientar a los alumnos en sus procesos de aprendizaje, por ejemplo, "estás trabajando muy bien, pero tendrías que tratar de escuchar y registrar la opinión de tus compañeros en las actividades grupales" o "no dejes de consultar los textos que están citados en el Cuaderno", "profundizaremos este tema con el profesor" o "lograste escribir un informe muy bueno", "retomemos juntos este punto".

Por lo expresado, la corrección es un elemento privilegiado de la evaluación por medio de la cual se obtiene información sobre los aprendizajes de los alumnos, identificando progresos, dificultades, logros de éstos. Sin embargo, si desde otra postura se entiende a la corrección como el elemento que enmienda lo errado, podría pensarse que la corrección de los errores no busca alentar los logros de los alumnos, no informa sobre los estados parciales a los que arriban dichos alumnos en sus procesos de aprendizaje, tampoco permite trabajar sobre los posibles errores conceptuales o de procedimiento, sino sólo reconocer esos errores.

Las prácticas evaluativas dependen de la visión que tenga la institución acerca de las mismas y de la coherencia o incoherencia que pueda existir entre las prácticas del docente y la concepción de evaluación que sostiene la institución.

Otro aspecto constitutivo de las prácticas de evaluación en las instituciones educativas es la promoción de los alumnos. A continuación se comparan las modalidades urbana y rural:

Evaluación de los alumnos en el Tercer Ciclo de la EGB

Modalidad Urbana	Modalidad Rural
Criterios de acreditación: areal-disciplinar	Criterios de acreditación: areal
Asistencia: 80%- Coloquio (opción institucional)	Asistencia: 80% sobre actividades grupales y frente a docentes. Actividades compensatorias
Promoción anual.	Promoción anual.
Aprobación de todos los espacios curriculares.	Aprobación de todos los espacios curriculares.
Espacios que se pueden adeudar: dos espacios y sólo uno podrá corresponder a áreas complejas o tres disciplinares simples.	Instancias de compensación.

Espacios de definición institucional: Opción institucional acreditable Proyecto, Orientación y Tutoría: evaluable Ambos se exceptúan para la promoción.	Proyecto Educativo y de Calidad de Vida Evaluables: acreditables pero exceptuados para la promoción.
Sistema de calificación: numérico. Aprobación: Seis (6).	Sistema de calificación: numérico. Aprobación: Seis (6).
Instrumentos de seguimiento y comunicación:	Instrumentos de seguimiento y comunicación:
Informes trimestrales.	Informes trimestrales.
Carácter integrador, reflejarán logros y dificultades y se acompañarán con calificación numérica.	Carácter integrador, reflejarán logros y dificultades y se acompañarán con calificación numérica haciendo explícito nivel de avance.
La promoción es un juicio final del profesor.	La promoción es un juicio acordado entre docentes, tutores y profesores itinerantes.
Instrumentos de registro de logros y dificultades: acuerdo institucional.	Instrumentos de registro de logros y dificultades: acuerdo institucional.
Compensación de los aprendizajes:	Compensación de los aprendizajes:
Instancia:	Instancia:
En proceso	En proceso
Al finalizar el año: diciembre-febrero.	Al finalizar el año: diciembre-febrero.
Compensación en proceso de alumnos que adeudan espacios (aprobación criterios de acreditación)	Compensación en proceso de alumnos que adeudan espacios (recuperar, fortalecer, agilizar, completar aprendizajes)
Recursado: todos los espacios curriculares.	Recursado: no existe. Los espacios se promocionan cuando se acreditan los aprendizajes de los cuadernos propuestos para el año en curso.
Alumnos 9° año.	Alumnos 9° año.
Instancias de recuperación diciembre- febrero. Exámenes periódicos con tribunal.	Instancias de compensación hasta acreditar los aprendizajes del espacio correspondiente y hasta que su edad cronológica lo permita. Acciones compensatorias semipresenciales.
Acceso a Nivel Polimodal (plazo un año).	Acceso a Polimodal.
	Folleto de difusión MCE La Pampa (1995)

Lo descripto hace posible inferir que sólo se explicita la evaluación de los procesos de aprendizaje de los alumnos. No se menciona en el documento la evaluación de las prácticas de los docentes. Sin embargo, el trabajo en equipo para establecer criterios de trabajo institucional y para reflexionar sobre los mismos admite suponer intentos de revisión de dichas prácticas.

La función del Director
como sujeto integrante de la red docente

Por último, se presentan a continuación las funciones del Director de Tercer Ciclo Ruralizado:

Funciones del Director
- Proporcionar la adecuación del PEI de modo que refleje la complejización institucional que determine la puesta en marcha del Tercer Ciclo Ruralizado.
- Generar los puentes que faciliten la transmisión entre un ciclo y otro, un año y otro y entre niveles.
- Lograr la articulación curricular entre el 2º y el 3º Ciclo.
- Propender el uso creativo de los tiempos, priorizando las funciones pedagógicas que el proyecto exige.
- Establecer los vínculos entre las distintas partes involucradas en el Proyecto (Padres, Coordinadores, Autoridades educativas y locales, Instituciones).
- Constatar los avances, evaluar las situaciones reales de aprendizaje, de manera conjunta con tutores e itinerantes.

Planificación y organización del trabajo
- Conocer todos los materiales de trabajo.
- Analizar, para posterior acompañamiento y asesoramiento al maestro, los "Cuadernos del Docente".
- Prever el uso óptimo de los recursos.
- Planificar anticipadamente los tiempos y espacios necesarios para el trabajo en equipo de Maestros Tutores, Profesores Itinerantes.
- Garantizar la asistencia de los alumnos en una estructura flexible y dinámica.
- Prever la existencia periódica a los distintos momentos del trabajo en el aula (con el maestro tutor; con el profesor itinerante).
Departamento del Tercer Ciclo de la Educación General Básica, Ministerio de Cultura y Educación de La Pampa

---

Estas funciones del Director de las Escuelas del Tercer Ciclo Ruralizado adquieren sentido en el desarrollo teórico de Francisco Beltrán Llavador (1995), sobre todo si tenemos en cuenta que en la actualidad el rol del director se ha complejizado; no sólo debe responder a las demandas burocráticas de la institución, sino que, a su vez, debe coordinar el trabajo de los diferentes actores escolares; organizar espacios, tiempos, recursos para alcanzar los objetivos que se plantean en la propuesta de enseñanza del Proyecto 7.

Beltrán Llavador (1995, p. 131)[17] expresa que las instituciones educativas han sufrido transformaciones considerables en los últimos tiempos y que, por lo tanto, se ven sometidas a nuevas transformaciones. "(...) Los cambios afectan principalmente a las relaciones de los centros escolares con la comunidad, al *curriculum*, a la profesionalidad de los profesores y a la propia estructura organizativa de los centros (...)".

Las funciones del Director cobran sentido en un marco tendiente a la descentralización y autonomía escolar, lo que conduce a la complejidad de la antigua mediación de la dirección escolar entre la dirección política del sistema y la comunidad. De ahí que, desde los desarrollos teóricos actuales, se afirma que las funciones del director residen en:

> (...) asumir el liderazgo en organizaciones escolares dinámicas vinculadas a los intereses de la comunidad. Se trata de pasar de dirigir desde el ápice de la pirámide organizativa a hacerlo desde un nudo de la red de relaciones interpersonales; de trabajar con personas y no a través de las personas (...). (Beltrán Llavador, 1995, p. 130)

Los cambios y las nuevas transformaciones, según lo expresado por Beltrán Llavador, impactan en las instituciones escolares planteando a los directores exigencias sociales, curriculares y profesionales; exigencias sociales porque la dirección de una escuela debe conocer y comprender el contexto social en el cual se desenvuelve la institución para dar respuesta a las demandas que la comunidad plantea. Esta exigencia no sólo supone conocer el contexto social, sino también actuar sobre y con él para identificar sus particularidades, sus dinámicas, con la finalidad de introducir cambios y mejoras. Desde lo curricular, la dirección tiene la exigencia de adaptar el *curriculum* oficial a la institución, responsabilizándose de lo que en realidad se enseña y se aprende, o sea, del *curriculum* en acción. Por último, la exigencia profesional obliga al director a una formación continua y permanente que le permita el plantear y alcanzar, junto con los demás actores institucionales, metas orientadas a la mejora de la escuela en el contexto actual. "La dirección debe trascender la figura del gestor de las rutinas de una organización escolar estática, definida desde criterios jerárquicos, para

---

17   Beltrán Llavador (1995). "Tradición y cambio en la dirección escolar". En Frigerio, G. (comp.) (1995). *De aquí y de allá. Textos sobre la institución educativa y su dirección.* Buenos Aires: Kapelusz.

   CAPÍTULO 2: *El Tercer Ciclo de la Educación General Básica Ruralizada*

asumir el liderazgo en organizaciones escolares dinámicas vinculadas a los intereses de la comunidad" (Beltrán Llavador, 1995, p. 130).

En las funciones del Director de la EGB 3 Rural se expresan las exigencias que sistematiza Beltrán Llavador, por ejemplo, desde la exigencia social se plantea que el directivo establezca vínculos entre los miembros que forman parte de la propuesta educativa del Proyecto 7; desde la exigencia curricular se tiende a que el Director logre la articulación curricular entre 2° y 3° Ciclo, generando puntos que faciliten la transmisión de saberes relevantes entre los diferentes años, ciclos y niveles, constatando avances por medio de la evaluación de situaciones de aprendizaje.

Descripción de documentos oficiales con relación a la implementación de 7° y 8° año

En este apartado se describe la implementación de 7° y 8° año de la modalidad Ruralizada según lo expresado en documentos oficiales.

a) Implementación del 7° año

Al implementarse el Tercer Ciclo en las escuelas rurales de la Provincia de La Pampa se inició la tarea de poner en marcha el 7° año. Esta tarea se realizó en el año 1997 y para ello se tuvo en cuenta, por un lado, las condiciones en las que cursarían los alumnos el Tercer Ciclo, ya que habían transitado los ciclos anteriores (1° y 2° Ciclo de la EGB). Por ello, la propuesta de enseñanza para el Tercer Ciclo de escuelas rurales requirió una particular selección de contenidos, expectativas y objetivos que permitieran realizar una adecuación significativa al contexto rural y al grupo de alumnos. Por esto: "(...) nos encontramos ante una etapa de transición, que exige una particular selección de contenidos y estrategias de enseñanza, para lograr una verdadera adaptación de los alumnos al ciclo y a las condiciones esperadas para el egreso del nivel (...)" (Ministerio de Cultura y Educación de la Provincia de La Pampa, 1997, p. 8).

El Tercer Ciclo de las Escuelas Rurales contempla una forma de adecuación de los CBC presentada, por un lado, como un intento de garantizar la Educación General Básica a los alumnos de los sectores rurales en el ámbito de las instituciones a las que asisten y, por otro, como una manera de evitar el desarraigo y de atender las peculiaridades y dificultades de estos sectores para acceder a una educación de calidad.

A continuación se desarrollan las áreas disciplinarias que se trabajan en el 7º año:

1. **Matemática:** para facilitar los aprendizajes del área, las unidades didácticas presentan al inicio actividades que los alumnos pueden resolver a partir de sus conocimientos previos y con el apoyo de diversos recursos didácticos. Si resulta necesario la utilización de un recurso especial, éste es enviado junto con los materiales de trabajo: Cuadernos del Docente y Cuaderno de Trabajo del alumno.

   En lo que respecta a las actividades de aprendizaje que se presentan en los materiales de trabajo, éstas no se limitan a lo que el alumno puede hacer o resolver, sino que intentan promover la reflexión acerca de lo realizado y la búsqueda de estrategias para comunicarlo y compartirlo con el resto del grupo. Sin duda, juega un rol importante el docente, quien con sus intervenciones guía a los alumnos en el proceso de aprendizaje de esta área, los ayuda a autoevaluarse, determina si el alumno puede continuar con su proceso de aprendizaje por medio de nuevas actividades o si resulta necesario reelaborar y trabajar con las actividades ya planteadas. A tal fin se propone en el Anexo 1 de los materiales de trabajo "actividades para reelaborar conocimientos aún no consolidados", mientras que en el Anexo 2 se presentan "actividades para seguir aprendiendo".

2. **Lengua:** en esta área se hace imprescindible brindar a los alumnos todas las oportunidades necesarias para adquirir y dominar las estrategias que se requieren en la expresión oral, en la lectura y escritura, respetando sus propósitos, ya sean, estudiar, entretenerse, discutir, plantear ideas, escribir un texto, buscar información, entre otros. Para esto, en los Cuadernos de Trabajo se presentan diferentes actividades secuenciadas y organizadas sobre la base de ejes temáticos. En el documento ministerial (1998) se expresa que:

   > (...) Los ejes constituyen 'marcos' dentro de los cuales se intenta que los alumnos participen en situaciones significativas de empleo de la lengua, leyendo y escribiendo textos reales, en contextos reales de comunicación. A partir del empleo de la lengua, los alumnos se enfrentan con diversos problemas lingüísticos, reflexionan sobre ellos y los estudian (...). (Ministerio de Cultura y Educación de la Nación, 1998, p. 14)

     CAPÍTULO 2: *El Tercer Ciclo de la Educación General Básica Ruralizada*

3. **Tecnología:** esta área disciplinar aparece por primera vez en los diseños curriculares. Para trabajarla se propone a los alumnos "(...) la indagación de los modos en que la comunidad resuelve cómo satisfacer sus necesidades, para reconocerlos como saberes tecnológicos (...)" (p. 14)[18]. Estos modos en que la comunidad satisface sus necesidades y requerimientos son analizados desde los contenidos que se proponen en el área; análisis que posibilita la comprensión de la vida cotidiana en términos tecnológicos, la valoración y conocimiento de los saberes de la comunidad, la ampliación y complejización de los usos habituales gracias al aporte de los nuevos contenidos. Esto se lleva a cabo junto con la realización de Proyectos de Calidad de Vida. Cada escuela trabaja con los alumnos de 7º año sobre un proyecto cuya temática puede ser una Huerta, un Vivero Forestal o Dulces y Encurtidos.

4. **Ciencias Naturales:** a lo largo de la vida y de la interacción con diferentes objetos de la cotidianidad, los niños aprenden un sin fin de conocimientos acerca de los hechos y de los fenómenos que ocurren en el medio. Esta área se propone retomar los saberes previos que poseen los alumnos y trabajar sobre esas nociones para superarlas y aproximarse al conocimiento científico. En el trabajo diario se desarrollan experiencias directas diseñadas para que los alumnos tengan la oportunidad de elaborar, a partir de las mismas, los conocimientos previos que tienen sobre los hechos y de esta manera puedan confirmarlos o construir nuevos saberes en los espacios de intercambio con el docente y los compañeros y con el apoyo de lectura de materiales específicos.

5. **Ciencias Sociales:**

    (...) La propuesta del área es abordar contenidos socialmente relevantes, que faciliten a los alumnos la progresiva adquisición de herramientas que les permitan apropiarse de la complejidad del mundo social, para analizarlo, explicarlo y comprenderlo. Para eso la intención es abrir la escuela a la realidad social, en un abanico que integre y relacione aspectos históricos, geográficos, políticos, culturales (...). (p. 14)[19]

---

18   Ministerio de Cultura y Educación de la Nación. Op. Cit.

19   Ministerio de Cultura y Educación. Op. Cit.

La selección de contenidos del bloque "Las Sociedades a través del Tiempo" se sustenta en la idea de comenzar con el estudio de las formas más simples y sencillas de la organización social para acceder, de manera progresiva, a las formas más complejas, de modo que los alumnos puedan observar las sucesivas transformaciones que experimentaron las relaciones sociales, como producto del paso del tiempo y de la búsqueda de soluciones y respuestas a las nuevas necesidades que surgían.

Por otra parte, la selección de contenidos del bloque "Las Sociedades y los Espacios Geográficos" considera como una de las dimensiones de la Geografía la dimensión social, ya que el espacio geográfico no es más que la naturaleza reconstruida por la acción de las sociedades a lo largo de la historia. Por ello, este enfoque agrega a la dimensión físico-natural la dimensión social de la Geografía, centrando la mirada en la capacidad que tienen las sociedades de reestructurar y transformar el medio ambiente.

Para finalizar, cabe aclarar que algunos contenidos pertenecientes al capítulo Formación Ética y Ciudadana se incluyen en el área de Ciencias Sociales, y otros se abordan transversalmente. En cuanto a Educación Artística y Educación Física se propone que los alumnos de 7º año compartan con los alumnos del Segundo Ciclo las actividades que cada institución educativa proponga desarrollar en dichas áreas. Lengua Extranjera es incorporada en 8º y 9º año.

Hemos intentado desarrollar las características y peculiaridades de la puesta en marcha del 7° año en la EGB 3 Ruralizada en el marco del Proyecto 7, el que prevé las formas, modos y tiempos para la implementación del 7° año de las escuelas ruralizadas, y que requiere la creación de redes de recursos humanos y materiales y la ampliación de roles y funciones para concretarla.

b) Implementación del octavo año

En 1998 se implementa el 8° año de la EGB 3 Ruralizada. Toda la información que presentamos en este apartado fue extraída del documento elaborado por el Plan Social Educativo para esta modalidad, titulado "Propuesta para el inicio del 8° año del Tercer Ciclo EGB Rural".

Las nuevas áreas incorporadas:

     CAPÍTULO 2: *El Tercer Ciclo de la Educación General Básica Ruralizada*

1. **Lengua extranjera (Inglés):** Está a cargo del profesor Itinerante, quien es responsable de la enseñanza y evaluación del área. El maestro Tutor no tiene la responsabilidad de la enseñanza del idioma, ya que no es parte de su formación profesional; su tarea se centra en acompañar al alumno en el trabajo con los cuadernillos específicos de dicho espacio.

Para la enseñanza del idioma se cuenta con cuatro Cuadernos de Trabajo para cada alumno, dos cuadernos para el docente y un cuaderno para el profesor Itinerante. En estos materiales se trabaja con pocos contenidos, se buscan temas conocidos por los alumnos que puedan ser relacionados con otras áreas, con el objetivo de alcanzar un acercamiento al conocimiento de la Lengua Extranjera (inglés) en forma gradual y por medio de un aprendizaje significativo. Es por ello que los cuadernos parten de lo que los alumnos ya conocen, su propia lengua, y de conocimientos adquiridos fuera y dentro de la escuela.

También se prevén para la enseñanza de la Lengua Extranjera diferentes recursos, entre ellos, *cassettes* de audio, textos sencillos y diccionarios monolingües y bilingües, cuya finalidad es desarrollar en los alumnos las cuatro macrohabilidades: escucha, habla, lectura y escritura.

2. **Educación artística:**

> (...) La inserción de esta disciplina en este octavo año, se propone promover en los alumnos un acercamiento al lenguaje plástico visual que les permita ampliar las experiencias plásticas que ya poseen, adquirir nuevos conceptos e investigar distintas posibilidades de materiales, herramientas, técnicas y procedimientos (...). (p. 4)[20]

Por medio de este espacio se pretende que los alumnos construyan producciones artístico-expresivas, que puedan vincularse con las obras de arte e imágenes visuales, así como también analizarlas e interpretarlas, ampliando su espectro de expresión y comunicación.

Para alcanzar este objetivo se prevé la utilización de Cuadernillos de Trabajo para el alumno y para el docente. "(...) cada cuaderno de trabajo de educación plástico visual abordará distintos aspectos relacionados con el desarrollo de este lenguaje, acorde con los lineamientos de los Con-

---

20   Proyecto Tercer Ciclo Escuelas Rurales. Propuesta para el inicio del octavo año del Tercer Ciclo EGB Rural. Plan Social Educativo. 1998

tenidos Básicos Comunes (...)" (p. 5)[21]. Cada uno de los tres ejes en los que se divide el área involucra conceptos, procedimientos y actividades que se trabajan de manera integrada. También se prevé la utilización de Cuadernos de Imágenes en los cuales se reproducen distintas obras de Arte que dan al alumno la posibilidad de conectarse con diferentes producciones culturales.

Cada alumno cuenta con materiales complementarios para llevar a cabo las actividades, tales como diferentes herramientas para pintar, dibujar y realizar *collages*, soportes para trabajar (papeles, cartones, telas). Estos materiales, igual que los Cuadernos de Trabajo, son enviados a cada institución con el objeto de desarrollar en el alumno habilidades de producción, reflexión y percepción artística.

3. **Educación Física:** este espacio está a cargo del profesor Itinerante, quien colabora con el maestro Tutor en la elaboración de la planificación de las tareas, además de brindarle orientaciones que le permitan hacerse cargo de la clase en ausencia del primero.

Forman parte de las tareas del profesor Itinerante el asesoramiento y la evaluación periódica del desarrollo de la asignatura y de la tarea de los alumnos.

Para facilitar el desarrollo de las clases se trabaja un material específico (trabajo con fichas), que puede ser utilizado tanto en el patio como en las aulas. Por medio de las fichas, el alumno recibe orientaciones y consignas para desarrollar las actividades en forma autónoma. "(...) Se contará además con materiales complementarios, videos y afiches tendientes a reforzar las actividades físicas y deportivas, así como materiales deportivos apropiados para llevar a cabo las tareas propuestas" (p. 7)[22].

Este espacio pretende para los alumnos de 8° año:

- La prevención y promoción de la salud.
- El uso activo y creativo del tiempo libre.
- La práctica sistemática de actividades físicas y deportivas.
- La convivencia y la vinculación social.
- La adquisición de habilidades que faciliten la inserción laboral.

---

21   Ídem.

22   Ídem

4. **Proyecto de Calidad de Vida:** tiene como propósito que los alumnos puedan investigar y analizar las problemáticas particulares de cada comunidad y generar estrategias para mejorar la calidad de vida de la misma.

En particular, para el 8° año el proyecto de calidad de vida está vinculado con el área de la salud, sin embargo, "(...) No se trata de convertir a los alumnos en agentes sanitarios, pero sí, que al manejar un bagaje de información que la comunidad desconoce o no tiene actualizada, la difunda (...)" (p. 6)[23].

Para poder llevar a cabo tal proyecto, existen tres Cuadernillos que tienen la información necesaria para hacer efectiva su implementación.

Los cuadernos para esta área están dirigidos únicamente al docente. El primer Cuadernillo aborda el tema de la salud. El punto de partida son los saberes previos de los alumnos para poder generar en ellos un cuerpo de conocimientos nuevos. "(...) es importante para ello rescatar todo lo que cada comunidad conozca y ponga en práctica en relación al tema de la salud (...)" (p. 7)[24].

El segundo cuadernillo presenta el tema de la zoonosis (las enfermedades que son portadas por los animales y que pueden ser trasmitidas al hombre), su objetivo es lograr que el alumno conozca estas cuestiones y pueda, en relación con ello, contribuir a la prevención de dichas enfermedades.

El tercer cuadernillo trata sobre la potabilización del agua. Se busca que los alumnos puedan aprender ciertas prácticas en relación con este asunto, para poder así actuar en beneficio de su comunidad. Este cuadernillo, según lo expuesto en los documentos oficiales, está centrado en el "Saber Hacer".

En este caso, no se debe perder de vista a quién está dirigido este tipo de formación y qué se pretende lograr con ella. Las zonas rurales constituyen espacios de poca población, con una producción determinada y con un nivel socio-económico propio y singular que las caracteriza, a la vez que limita o potencia su desarrollo.

Por tanto, es importante que los sujetos tengan acceso a diferentes tipos de información, que puede ser desconocida por ellos y servir de base para el progreso de la zona, o que les puede permitir ampliar el espectro de sus posibilidades.

---

23 Ídem
24 Ídem.

Ahora bien, cabe destacar que, aunque el tema a tratar en el Proyecto de Calidad de vida (la potabilización del agua) constituye en sí mismo un conocimiento interesante y productivo, lo importante es que respondió a intereses y motivaciones de los alumnos propias de su comunidad.

Algunas reflexiones

En el presente capítulo nos hemos referido a la propuesta educativa para el Tercer Ciclo de las escuelas rurales a través de documentos y normativas oficiales como también curriculares. Queda para un trabajo posterior el estudio de las prácticas que se desarrollan de acuerdo con esta oferta de enseñanza, ya que, como mencionamos, la misma se concreta en escuelas con culturas institucionales específicas. Su puesta en práctica no implica "borrón y cuenta nueva", sino que requiere aprendizajes, construcciones, procesos, que llevan a que los cambios sean lentos. Cada uno de los actores, desde su lugar y función, debería cumplir un rol protagónico, en el que el compromiso, el trabajo en equipo, la participación real, el interés permanente de informarse y actualizarse hagan de la escuela pública rural un lugar en donde los sujetos tengan acceso a una educación democrática, igualitaria y de calidad.

No podemos dejar de mencionar que para llevar adelante esta propuesta de enseñanza es necesario que las condiciones laborales de los docentes sean favorables, sin embargo, el no serlo se convirtió en el problema que las escuelas que adoptaron la modalidad ruralizada debieron enfrentar. Sucede que el Plan Social Educativo, encargado de subvencionar el Proyecto 7 enviando los materiales didácticos necesarios para llevar a cabo el mismo, ha caducado.

Las escuelas que han implementado el Tercer Ciclo Ruralizado consideramos que no reciben los recursos necesarios para su desarrollo, ya sea, los Cuadernos de Trabajo, los Cuadernos del Docente y otros recursos que son indispensables, sobre todo si se tiene en cuenta el objetivo del Proyecto 7.

Al extinguirse el Plan Social Educativo, responsable del Proyecto 7, advertimos que deja a las escuelas en una situación de "desamparo" ya que al no ser posible el envío de los materiales necesarios se obstaculiza el logro de los objetivos propuestos. A partir de esta situación se nos plantean

     CAPÍTULO 2: *El Tercer Ciclo de la Educación General Básica Ruralizada*

interrogantes, tales como, ¿cómo funciona concretamente en la actualidad el Tercer Ciclo Ruralizado en las escuelas que han adoptado el Proyecto 7?, ¿cómo estas escuelas afrontan la carencia de recursos (materiales de estudio o de trabajo) que antes eran provistos por el PSE? Es conveniente no olvidar que el Estado tiene la responsabilidad de financiar la Educación General Básica y de garantizar una educación de calidad para todos.

Bibliografía

Almandoz, M. R. (2000). *Sistema educativo argentino. Escenarios y políticas*. Buenos Aires: Santillana..

Brincones, I. (Ed.). (1990) *Lecciones de formación inicial del profesorado*. Madrid: Servicio de publicaciones de la Universidad Autónoma de Madrid.

Chevallard, , Y. (1999). *La Transposición Didáctica. Del saber sabio al saber enseñado*. Buenos Aires: Aique.

Contreras, D. (1990). *Enseñanza, Curriculum y Profesorado*. Madrid: Akal.

De Alba, A. (1993). *Curriculum: Crisis, Mito y Perspectivas*. Buenos Aires: Miño y Dávila editores.

Frigerio, G. (comp). (1995) *De aquí y de allá. Textos sobre la institución educativa y su dirección*. Buenos Aires. Kapelusz.

————, Braslavsky, C y Entel, A. (1998). *Currículum presente. Ciencia ausente. Tomo 1: Normas, teorías y críticas*. Buenos Aires: Miño y Dávila editores.

————, Poggi y Giannoni (comp.) (1997) *Políticas, instituciones y actores en educación*. Buenos Aires: Novedades Educativas.

Garay, L. (1994). *Análisis institucional de la educación y sus organizaciones*. Escuela de Ciencias de la Educación. Centro de Investigación. Universidad Nacional de Córdoba. Facultad de Filosofía y Humanidades.

Gimeno Sacristán, J. y Pérez Gómez, A. (1993). *Comprender y transformar la enseñanza*. España: Morata.

Hillert, F. (1999). *Educación, ciudadanía y democracia*. Buenos Aires, Tesis II.

Ley Federal de Educación N° 24195 (1994). Buenos Aires, Argentina.

Ministerio de Cultura y Educación de la Nación (1996). *Alternativas para la organización pedagógica del Tercer Ciclo de la Educación General Básica*. Buenos Aires. Programa de Asistencia Técnica para la Transformación Curricular.

———— (1998). *Plan Social Educativo. La evaluación y la corrección de los Cuadernos de Trabajo*.

———— (1996). *Plan Social Educativo. Presentación de la propuesta de enseñanza. Tercer Ciclo EGB en las escuelas rurales*.

———— (1998). *Plan Social Educativo. Presentación de la propuesta de enseñanza. Tercer Ciclo EGB en las escuelas rurales*.

————. *Versión preliminar del Programa de Asistencia Técnica para la Transformación Curricular denominada "Alternativas para la Organización Pedagógica del tercer Ciclo de la Educación General Básica"*.

———— (1998). Plan Social Educativo. *Y ahora... ¿cómo planificamos? Algunas orientaciones sobre el plan de trabajo*.

Ministerio de Cultura y Educación de la Provincia de La Pampa (1998). *Marco General de los Diseños Curriculares de los distintos niveles, regímenes y modalidades del Sistema Educativo Pampeano*

————. Departamento del Tercer Ciclo EGB (s/d). *Funciones del Director*. Folletín de difusión.

————. *Resolución 482/98*.

Salinas Fernández, D. (1990) Los profesores y la planificación de la enseñanza ¿Qué hago el Lunes? En *Cuadernos de Pedagogía* N° 184. Barcelona: Fontalba.

Stenhouse, L. (1984). *Investigación y desarrollo del curriculum*. España: Morata.

Tiramonti, G. (1996). *El escenario político educativo de los '90: la nueva fragmentación*. Buenos Aires: Mimeo.

Vior, S. (dir.) (1999). *Estado y educación en las provincias*. Buenos Aires: Miño y Dávila editores.

ANEXOS

ANEXO DE LA RESOLUCIÓN N° 482/98

Anexo I

Conformar inicialmente dos Sedes:
a) GENERAL PICO con cobertura en la zona norte.
b) SANTA ROSA con cobertura en la zona centro sur.
Cada sede estará compuesta por las siguientes unidades educativas:

SEDE: GENERAL PICO

Escuela N°	Modalidad	Categoría	Localidad
40	JS	2ª	Speluzzi
47	JC	2ª	Cevallos
41	JC	2ª	Vértiz
53	JC	3ª	Metileo
122	JS	2ª	Trebolares
21	JC	2ª	A. Van Praet
51	JS	2ª	Falucho
50	HG	3ª	Ojeda
77	HG	2ª	Sarah
42	JS	2ª	Quetrequén
28	JS	3ª	Maisonave

Escuela N°	Modalidad	Categoría	Localidad
79	HG	2ª	Conhelo
103	HG	2ª	Mauricio Mayer
136	JS	3ª	Arata Z. R.
116	JS	2ª	Chamaicó
43	JC	2ª	Monte Nievas
67	JC	2ª	Villa Mirasol
87	JS	3ª	Cnia. Inés y Carlota
100	JS	3ª	Cnia. El Destino
49	JS	2ª	Dorila

SEDE: SANTA ROSA
ESCUELAS ASISTIDAS POR PROFESORES ITINERANTES

Escuela N°	Modalidad	Categoría	Localidad
161	JC	2ª	Agustoni
119	HG	2ª	La Reforma
176	HG	2ª	Chacharramendi
159	JC	2ª	Carro Quemado
98	HG	2ª	Gobernador Duval
102	JS	2ª	Puelches
175	HG	2ª	Cuchillo- Có
32	HG	2ª	Quehué
127	JS	3ª	Cnia. San Rosario
135	JC	2ª	Cnia. Santa Teresa
187	JS	3ª	Cnia. Chica
88	HG	2ª	La Humada

 CAPÍTULO 2: *El Tercer Ciclo de la Educación General Básica Ruralizada*

Anexo V
Responsables de sede

FUNCIONES
- Anticipar, generar y/o promover las condiciones tendientes a garantizar la realización del proyecto en una determinada zona, como la coordinación del equipo que lo implemente.
- Coordinar, asesorar, orientar, acompañar, según corresponda, a los docentes involucrados en el proyecto y forman parte de la Unidad de Gestión Local, vehiculizando la asistencia y el apoyo pedagógico didáctico pertinente.
- Facilitar las interrelaciones docente tutores-profesores itinerantes-directores-escuela y familia.
- Posibilitar las relaciones interinstitucionales (Dpto. Tercer Ciclo, Direcciones de Nivel, Coordinadores de Área, etc.).

Organizativo-Administrativas:
- Organizar y administrar los recursos didácticos, materiales y financieros que reciba y posea cada escuela para implementar el Tercer Ciclo, y los propios de la Sede.
- Garantizar el acceso de cada escuela a los recursos y verificar el cuidado y uso de los mismos.
- Elaborar el cronograma de itinerancia de los profesores de las áreas, cuidando que la presencia de los mismos en las escuelas no sea menor a una visita mensual.
- Acordar y coordinar espacios para reuniones de carácter evaluativo, asesoría, capacitación, etc.
- Gestionar, responsable y críticamente, el desarrollo y los logros que alcancen los alumnos.
- Tramitar la implementación de los Proyectos de Calidad de Vida.
- Mantener una comunicación permanente y fluida con organismos y/o instituciones diversas (Coordinación provincial, INTA, Directores del Nivel).
- Actualizar periódicamente la información sobre el estado de cada una de las escuelas de su zona, en relación con: infraestructura, matrícula, personal docente, uso de recursos, impacto de los proyectos sobre la comunidad, características sociogeográficas.

Pedagógicas:
- Brindar toda la información disponible y la asistencia pedagógica posible a directivos, maestros tutores y equipos de profesores itinerantes, con el propósito de crear grados crecientes de compromiso y apropiación del proyecto.
- Realizar el seguimiento y detectar posibles obstáculos que la operativización del proyecto suscite, a fin de promover modos de tratamiento y resolución.
- Planificar y desarrollar reuniones de índole evaluativa, pedagógica, organizativa, etc. con todos los actores de la Unidad de Gestión Local.

- Asesorar, recepcionar, seleccionar y monitorear los Proyectos de Calidad de Vida que cada escuela organice y gestione.
- Implementar estrategias inherentes a la coordinación de personas y grupos, manejo de la información, uso de materiales, relaciones docente-escuela-padres.
- Diagnosticar y ser co-responsable de los resultados académicos y educativos que alcancen los alumnos.

Comunitarias:
- Difundir e instalar en la comunidad el Proyecto.
- Promover el relevamiento de los alumnos en condiciones de cursar el Tercer Ciclo.
- Acercar toda la información necesaria que ayude a la comprensión de los propósitos y objetivos de la propuesta.
- Promover el interés por elaborar propuestas de participación comunitaria.

	CAPÍTULO 2: *El Tercer Ciclo de la Educación General Básica Ruralizada*

CAPÍTULO 3

NUEVOS RELATOS Y ANÁLISIS DE PROPUESTAS PEDAGÓGICAS

Un acercamiento a experiencias educativas
del Tercer Ciclo de la Educación General Básica Ruralizada

María Nadia García [1]
Cecilia Genovesio
María Mendicoa

Este capítulo aborda el Tercer Ciclo de la EGB centrado específicamente en propuestas pedagógicas y experiencias educativas de escuelas rurales.

Para ello seleccionamos dos escuelas rurales de Provincia de Buenos Aires: Centro Educativo para la Producción Total (CEPT) Nº 7 de Colonia 17, partido de Tres Lomas y CEPT Nº 9 Colonia El Toro, partido de Carlos Tejedor. Realizamos entrevistas semiestructuradas con el objeto de conocer cómo se posicionan dichas instituciones para dar respuesta a las finalidades del Tercer Ciclo. Los actores sociales entrevistados del CEPT Nº 9 fueron dos docentes, identificados como Entrevistado "A" y "B"; un egresado (identificado como Entrevistado "C"); una madre (Entrevistado "D") y la jefa del Consejo de Administración del CEPT Nº 9 identificada como Entrevistado "E". Respecto al CEPT Nº 7, se entrevistó a la Coordinadora del Tercer Ciclo y de la Escuela Albergue "Ingeniero Thompson" que se identifica en el desarrollo del capítulo como Entrevistado "A". Intervino, aportando información, el Coordinador de Ciencias Sociales de la misma institución (Entrevistado "B"), quien fue, anteriormente, el coordinador de dicha escuela.

Estas escuelas rurales, como ya se expresó en el capítulo anterior, surgieron a partir de la problemática que tenía la comunidad rural de generar nuevas estrategias para que sus hijos completaran el "antiguo secundario"

---

1   Estudiantes de las Carreras Profesorado y Licenciatura en Ciencias de la Educación de la Facultad de Ciencias Humanas de la UNLPam (2002-2003).

sin la necesidad de trasladarse a la zona urbana, así podían permanecer en el campo, evitando el desarraigo y adaptándose paulatinamente a las condiciones indicadas en la nueva estructura del Sistema Educativo a partir de la sanción de la Ley Nº 24195.

Analizaremos diferentes aspectos que permiten comprender cómo estas instituciones, efectivamente, se fueron modificando a partir de la "transformación educativa".

El sentido de la Pedagogía de la Alternancia

Según Lucía Garay (1994, p. 2):

> (...) La Educación es una función humana y social que siempre existió y que seguirá existiendo con el hombre. Las sociedades se dan, instituyen, modos de organizar y realizar esta función. La escuela es una institución. Un modo particular, histórico, de organizar la educación. Es la institución educativa hegemónica de la Modernidad (...).

Como plantea la mencionada autora, la escuela es "una institución de instituciones" debido a que en ella existen muchas instituciones pedagógicas y sociales que la atraviesan formando su tejido institucional.

Las instituciones abordadas organizan la educación de una forma muy particular. Son dos de las veintiuna Escuelas de Alternancia que funcionan en la Provincia de Buenos Aires. Los alumnos cumplen en ellas una semana de permanencia intensiva durante la cual se imparten los contenidos establecidos por el marco legal de la Ley Federal de Educación y aquellos contenidos propios que hacen a la especificidad de la institución. Una vez transcurrida su estadía en el establecimiento, los alumnos regresan a sus hogares en los cuales residen durante dos semanas. Este tiempo es utilizado por el alumno para la realización de las actividades correspondientes a los contenidos y para desarrollar las actividades prácticas que le competen al área productiva; colaboran y asesoran no sólo a su familia, sino también a aquellos productores que necesiten una solución adecuada a la problemática agro-ganadera que los afecta. Los actores entrevistados manifestaron lo siguiente:

     CAPÍTULO 3: *Nuevos relatos y análisis de propuestas pedagógicas*

El CEPT es el Centro Educativo para la Producción Total, es una escuela tipo secundaria con orientación rural. Y tiene una particularidad, que es una escuela de alternancia, (...), es decir, los chicos están una semana en la escuela, esa semana es *full-time*, es decir, tienen clases todo el día, de la mañana hasta la tardecita y después dos semanas en su casa, y para esas dos semanas en su casa los chicos se llevan tareas, y además la idea es que sigan colaborando con el trabajo familiar, que no se desarraiguen del campo. Antes de crearse esta institución los chicos tenían que venir al pueblo y se separaban de su familia, no volvían más después, estaban los que seguían estudiando y era raro el que volvía a su lugar a trabajar. (Entrevistado "A" del CEPT Nº 7)

El entrevistado "A" del CEPT Nº 9 explicó:

El nombre de alternancia es porque los chicos están 15 días en la casa y una semana acá en el CEPT (...). La semana que viene se vuelven a sus casas e ingresan acá chicos que en este momento están en sus casas, van rotando, la rotación es octavo y noveno esta semana y primero Polimodal la semana siguiente y segundo y tercero la otra semana. (...) uno de los objetivos cuando se crean los CEPT es que los chicos tengan un estudio mas allá de lo que era la primaria y que le permita en el estudio seguir como mano de obra en el campo, ya sea como productores o empleados de productores, o por cuenta propia, (...) y sí darle la oportunidad que el chico pueda seguir estudiando (...).

Resulta interesante abordar los orígenes de la Pedagogía de la Alternancia y para ello retomaremos lo comentado por uno de los entrevistados. La Pedagogía de la Alternancia surge en la década de 1930 en Francia debido a que a las familias de zona rural se les presentaba una situación de incompatibilidad: si sus hijos decidían continuar los estudios secundarios debían abandonar su lugar e irse a vivir a la ciudad o de lo contrario se quedaban en el campo y no podían seguir estudiando. Para superar esta incompatibilidad surgieron escuelas con una propuesta pedagógica de alternancia. Este sistema se comenzó a aplicar en la Provincia de Buenos Aires en la década de 1980 denominándoselo CEPT, es decir, Centro Educativo para la Producción Total. Al respecto, Guillermo Donari, en el libro *El nombre prohibido* (1996), define a estos centros educativos como mucho más que una escuela. Expresa que la palabra 'centro' implica un lugar donde se reconocen las problemáticas individuales y comunitarias, toman forma los proyectos para abordarlas con la participación de todos los interesados; 'educativos' porque no descuidan el hecho de brindarle a los adolescentes rurales la posibilidad de obtener un título de bachiller con orientación agropecuaria que los acredita a continuar sus estudios en cualquier universidad del país, o quedarse en su medio, enriquecido por una experiencia donde toda su familia fue parte, y finalmente la 'producción total' significa poner en marcha todas las fuerzas del hombre rural y la comunidad que lo involucra, y hacerlo en todos los ámbitos, no sólo económico sino social, cultural, educativo, etc.

Ésta es, entonces, una forma de organizar la educación, que surge en un contexto histórico y social, con sujetos particulares, frente a demandas de zonas rurales.

Los orígenes de los CEPT N° 7 y 9

Vale la pena centrarnos en los orígenes de los CEPT N° 7 y 9, recuperar las experiencias de aquellas personas que fueron los protagonistas de una propuesta educativa diferente, que si bien, como explicitamos en el apartado anterior, tienen un origen en común, se desarrollan de una forma particular y específica en cada una de las instituciones. Reconocer la historia del CEPT hace posible comprender su funcionamiento, debido a que la misma permite analizar la cultura institucional y, por lo tanto, su propia identidad. En este sentido, Burgos y Peña (1997, p. 54) afirman:

> (...) Poder reconstruir la historia institucional contribuye a afirmar el valor que tienen los procesos en el plano institucional. La arquitectura institucional es un espacio construido a partir de los sucesos que han modelado ese territorio, de historias individuales y colectivas que le han dado identidad a la institución (...).

Lucía Garay (1994) expresa que la historia adquiere significación a partir del relato de los actores actuales y la memoria de los actores pasados, no basta simplemente con "un ordenamiento objetivo de la realidad pasada", sino que es necesaria la lógica de la subjetividad y que de este modo no estaríamos ante la historia, sino ante la historización de la institución y de la propia historia. Tanto en el plano de la historia, en tanto ordenamiento objetivo de acontecimientos, como en el de la historización, ordenamiento subjetivo de estos mismos, lo que interesa es el sentido de los sucesos en su relación con los contextos que lo producen (historia) y el sentido del reconocimiento

     CAPÍTULO 3: *Nuevos relatos y análisis de propuestas pedagógicas*

y la significación de esos sucesos en relación con la subjetividad. Por esto resulta importante retomar los relatos de la historia institucional en palabras de los actores entrevistados:

> (...) En el caso de Tres Lomas, se creó en el año 1992, las gestiones comenzaron en el año 1990-91. El Consejo Escolar comenzó a trabajar junto con la Comunidad de 'N' y la Colonia 'A'. Es decir, había dos colonias que se 'tironearon', pero bueno, se llegó a la conclusión que la Colonia más poblada y que la que más claridad de objetivos tenía, quizás la más encerrada y la que más porfiadamente había resistido el éxodo, era la Colonia 'N'. (...) por lo tanto era el lugar ideal para hacerla, perdió la 'A' y ganó la Colonia 'N'. (Entrevistado "B" del CEPT Nº 7)

El entrevistado "D" del CEPT Nº 9 expresa:

> (...) Juventud Agraria donó las instalaciones para el CEPT; porque el CEPT se hizo por medio de Federación Agraria, la gente de Federación Agraria tuvo esa inquietud, que necesitaba un colegio, que los chicos no se fueran, y entonces pensaron, buscaron, vino un hombre del consejo escolar con esta propuesta, (...) de los CEPT para evitar el desarraigo.

De las palabras de los actores entrevistados podemos inferir que la creación de las escuelas antedichas no es fruto del asistencialismo del Estado ni de las políticas compensatorias, sino que es producto del compromiso y el protagonismo de diferentes actores sociales que valoran la educación y la posibilidad de que los jóvenes puedan continuar sus estudios sin necesidad de sufrir el desarraigo. Los entrevistados dieron a conocer que la fundación de las mismas sólo tiene lugar si los diferentes sujetos se comprometen y luchan por un objetivo en común. La concreción de este tipo de proyecto implica partir del conocimiento de la realidad sociocultural, geográfica, histórica y política en la cual se inserta un estilo de escuela, como así también demanda diferentes formas de gestión en el nivel local, provincial, reuniones con la comunidad para acordar criterios, objetivos y propuestas.

Para comprender la historia institucional es pertinente retomar los movimientos de especificación, diferenciación y unificación que, según Frigerio y Poggi (1993) permanecen y se reactualizan en las instituciones.

La especificación constituye el primer movimiento de la institución escolar por medio del cual la institución atenderá las necesidades específicas surgidas de la sociedad. Este movimiento delimita el cerco institucional, concreta en lo simbólico la especificación del territorio. Y es este cerco el que delimita y regula los intercambios de la institución con el medio y con las demás instituciones y, al mismo tiempo, deja de ser el "envoltorio" para constituirse en el contenido de la institución.

En palabras de Frigerio y Poggi (1995, p. 33), "la institución real resulta de cómo se asocian la arquitectura material, la simbólica y la imaginaria y del modo en que son leídas e interpretadas por cada sujeto y por el grupo de actores que la puebla y habita".

Cuando la institución delimita su cerco se diferencia de otras instituciones, estamos ante el segundo movimiento denominado de diferenciación. Este movimiento describe las diferencias que se establecen entre los distintos actores vinculados con la institución.

La institución escolar (y cualquier otra institución) necesita un sostén, un apoyo para seguir existiendo, por ello se habla del movimiento de unificación que, según la autora mencionada, actúa borrando las diferencias, poniéndolas entre paréntesis, permitiendo la continuidad de la institución y el trabajo de los diferentes actores.

En este movimiento inciden dos factores que, de acuerdo con Frigerio y Poggi, tratan de buscar el sentido de pertenencia e identificación con la institución. Ellos son las condiciones de trabajo y la pluralidad de pertenencias institucionales de los actores. Los entrevistados dieron a conocer que en el interior de las escuelas de alternancia se enfatiza la necesidad de que los docentes tengan una dedicación exclusiva y semiexclusiva, debido a las actividades que deben desarrollar y a que requieren un perfil docente de acuerdo con las características de la institución. Esto se manifiesta en las siguientes palabras:

> (...) En el caso del CEPT, esa es otra particularidad, porque el profesor entra con doce horas, pero las doce horas no son doce horas de clase son horas institucionales, algunas son de clase otras son horas para salir a hacer visitas, o para una reunión areal (...). (Entrevistado "A" del CEPT Nº 7)

En lo que respecta al movimiento de especificación y diferenciación, como explicitamos al comienzo de este capítulo, las escuelas abordadas tienen una característica muy particular que es la denominada Pedagogía de Alternancia, la cual trae aparejada aspectos distintivos de su funcionamiento, entre ellos los actores mencionaron los instrumentos pedagógicos (las visitas a las familias, la convivencia, plan de búsqueda, tesis, pasantías y proyecto productivo), la auto-gestión y la cogestión (Consejo de Administración).

Los rasgos propios del sistema de alternancia revelan que varias de las propuestas de la reforma educativa ya eran implementadas en los CEPT antes de la sanción de la Ley 24195.

Desde el Ministerio de Cultura y Educación de la Nación se promueve un cambio en lo que respecta a la gestión de las instituciones escolares enfatizando el modelo de gestión con autonomía, el cual implica, según lo expresado en "El Cuadernillo para la Transformación. Hacia la escuela de la Ley 24195":

* redefinir los roles y funciones de cada miembro de la institución, a partir del diagnóstico serio de cada centro escolar.
* modificar conductas muy arraigadas dentro del sistema educativo argentino sobre todo aquellas caracterizadas por temer desarrollar proyectos novedosos e innovadores u opiniones diversas, intentar la homogeneización sin reconocer ni respetar las diferencias, etc. (...).

Un modelo de autonomía escolar supone la posibilidad de generar proyectos de trabajo compartido, partir de las necesidades y expectativas reales de cada comunidad.

Desde esta perspectiva, se da prioridad a la necesidad de generar una participación real de toda la comunidad escolar, transfiriéndole facultades de decisión en las cuestiones necesarias para satisfacer, en forma ágil y eficaz, los objetivos institucionales, y así adecuarse a las particularidades de cada comunidad. Sin embargo, como plantea Teresa Sirvent (1992), la participación real implica un largo proceso de aprendizaje, de conocimiento, de actitudes, habilidades y destrezas que provoquen un cambio en los modelos (autoritarios) internalizados. Dicha autora considera que la participación real tiene lugar cuando los miembros de una institución o grupo desarrollan acciones en todos los procesos de la vida institucional, por ejemplo, en la toma e implementación de decisiones y en la evaluación permanente del funcionamiento institucional.

Las palabras de los actores permiten inferir que hay cierta tendencia hacia la participación real desde el surgimiento de los CEPT:

> (...) no es que el Estado venía con una actitud paternalista a traer una escuela que quizás no hacía falta, sino que la comunidad veía que te-

nía esa necesidad. Y en cogestión comunidad-Estado se comenzaba a instrumentar. En realidad la transformación habla de la autonomía pero nosotros ya la teníamos de antes en la escuela, por el tipo de proyecto del CEPT (...) creo que la autonomía sigue siendo una invitación para que los directivos y los docentes realmente la hagan posible, tomen decisiones. (...). (Entrevistado "B" del CEPT Nº 7)

(...) todas las semanas se reúnen (se refiere al Consejo de Administración) y tratan todos los temas referentes al funcionamiento del CEPT, inclusive la selección de los docentes (...), todo el manejo político que todos se puedan imaginar de una escuela (...). (Entrevistado "A" del CEPT Nº 9)

El entrevistado "B" del CEPT Nº 7 comentaba que la concreción de la autonomía institucional, si bien forma parte de una propuesta ministerial, depende de la disponibilidad, responsabilidad e interés de cada uno de los docentes por generar proyectos que posibiliten ir modificando las prácticas para que la transformación educativa pueda hacerse realidad. Desde el surgimiento de estas instituciones se fomenta la participación, el compromiso y el sentido de pertenencia de los miembros de la institución por medio de diferentes estrategias, por un lado, el Consejo de Administración y las funciones que le competen, por otro, la dedicación exclusiva o semiexclusiva de los docentes, planteos que coinciden con la gestión autónoma que impulsa el Ministerio de Cultura y Educación de la Nación.

Dichas características particulares y distintivas de los CEPT son coherentes con el tipo de proyecto que les da origen. Proyectos que, como plantean Susana Celman y Germán Cantero (2001, p. 86), "contienen el deseo de transformar la realidad, en cada caso este propósito se va logrando a partir de algunas ideas-fuerza impulsadas por distintos actores en diferentes momentos".

En las experiencias abordadas la idea-fuerza fue construir una escuela en la cual los jóvenes tuvieran la posibilidad de educarse no sólo para continuar estudios superiores, sino también para perfeccionarse en las actividades agropecuarias, contribuyendo al crecimiento de la comunidad y del campo. Como ya se manifestara, las ideas fuerzas del CEPT Nº 7 y 9 son propias de la comunidad a la que pertenecen, pero se van resignificando por cada uno de los actores educativos. Al respecto Lucía Garay (2001, p. 86) sostiene:

(...) proyectos y propuestas innovadoras surgen de la lucha entre lo instituido y lo instituyente. Juego de inclusiones y superaciones, de lo

realizable y lo utópico. Para que se cumpla su condición de realizable
dejará de ser un sueño de unos pocos para ser la intención de muchos.

Localización del Tercer Ciclo en los CEPT

La sanción de la Ley Federal de Educación, como se sabe, trajo aparejada
una serie de modificaciones, tanto en la estructura edilicia como en la estructura organizativa y administrativa. En algunas instituciones se refaccionó el
edificio creándose nuevas aulas para el funcionamiento de octavo y noveno
año; en cambio, en otras, se articuló con las antiguas escuelas secundarias,
mientras que algunas decidieron la localización del último ciclo en otro
edificio. En lo que respecta a la estructura administrativa y organizativa,
uno de los principales cambios fue la aparición de un nuevo protagonista, el
coordinador del Tercer Ciclo. En este apartado se analizará cómo se decidió
la localización de este ciclo en los CEPT y el rol de la figura del coordinador
en el CEPT Nº 7.

Los entrevistados manifestaron que tuvieron la posibilidad de participar
en la elección de la localización del Tercer Ciclo Ruralizado: "Se hizo una
reunión en la escuela técnica y a las instituciones se les pidió que decidieran,
medio con las horas contadas, no hubo mucha posibilidad de evaluar, claro
fue media apurada" (Entrevistado "B" del CEPT Nº 7).

Estas palabras ponen de manifiesto que en la Provincia de Buenos Aires
el Ministerio de Cultura y Educación brindó la oportunidad de elegir la
localización del Tercer Ciclo a los directivos de las instituciones educativas.
Los tiempos otorgados para la toma de decisión fueron acotados; para no
tomar decisiones apresuradas se debió haber dispuesto del tiempo necesario para discutir, consensuar, ya que uno de los principales objetivos del
Tercer Ciclo según el Ministerio de Cultura y Educación de la Nación
(1996, p. 8) es:

> (...) garantizar su identidad específica como ciclo de la EGB, acorde
> con las funciones que debe cumplir y con las características propias de
> los destinatarios que debe atender. (...). La unidad pedagógica podría
> no coincidir con la unidad administrativa, ni con el espacio físico en el
> que los ciclos se desarrollan. Cualquiera sea la opción, lo conveniente

es que se pueda garantizar la coherencia de la propuesta de enseñanza cuyo núcleo a nivel federal son los CBC (...).

Los directivos del CEPT Nº 7 con el director de la escuela albergue decidieron una localización mixta en la cual funciona el séptimo año en la escuela de primer y segundo Ciclo de la EGB (escuela albergue), y octavo y noveno funcionan en el CEPT junto con el Polimodal. Es importante aclarar que los séptimos años están en escuelas ruralizadas de EGB I y II de personal único. Se impone, entonces, una adecuada articulación entre el CEPT y los séptimos años de las escuelas rurales unipersonales, ya que al no existir una "buena" articulación se pierde la noción de la EGB 3 como unidad pedagógica integral y, por lo tanto, la identidad específica de dicho ciclo. Pero, a pesar de esto, cabe mencionar los fuertes lazos de articulación que se establecen entre el Tercer Ciclo y el Polimodal del CEPT, ya que trabajan en la misma institución y bajo la organización de un mismo Proyecto Educativo Institucional [PEI], respetando los diseños curriculares propios de cada nivel; tienen, además, como ejes transversales para octavo, noveno año y Polimodal el trabajo en áreas, las visitas a los hogares, la convivencia y la pasantía. En cuanto a la localización mixta, una de las principales dificultades para mantener la identidad del Tercer Ciclo es que los séptimos años funcionan bajo la dirección de los directivos de la EGB 1 y 2; y octavo y noveno año están dirigidos por el equipo de conducción del Polimodal. Esta modalidad de articulación es utilizada también en el CEPT Nº 9, tal como se desprende de las siguientes expresiones:

> (...) se mantienen los 5 años como eran antes, se hizo un artilugio para articular con la escuela que está al frente que es una escuelita rural que tiene (...) primer ciclo, segundo ciclo y tercer ciclo solamente tiene séptimo; octavo ya sería acá (...) creemos que el sistema de 5 años no sé si es el mejor, pero por lo menos ya estábamos organizados de esa forma, no partirlo en EGB y Polimodal, de hecho acá el funcionamiento habitual, nuestro trabajo con los chicos no hace distinción de octavo y noveno y después Polimodal; los chicos tienen toda una continuidad desde octavo; le llamamos octavo y noveno para adaptarnos a la Ley Federal de Educación; pero en la práctica no lo respetamos a eso; seguimos con nuestra tradición de 5 años de secundario viejo. (Entrevistado "A" del CEPT Nº 9)

   CAPÍTULO 3: *Nuevos relatos y análisis de propuestas pedagógicas*

Lo manifestado por el docente lleva a retomar el planteo de Frigerio y Poggi (1996), quienes sostienen que toda normativa tiene aspectos objetivos y subjetivos. En lo que respecta a los primeros, se puede decir que hacen referencia a "la letra" de la norma tal como está formulada, en cambio los aspectos subjetivos aluden a las representaciones que influyen en la manera en que se internaliza "esa letra", en el modo en que se la valora y se la entiende.

En relación con la función del Coordinador del Tercer Ciclo, según la revista Zona Educativa (1997, p. 21), es quien debe:

> (...) garantizar la identidad del ciclo independientemente de su localización, de establecer las coordinaciones necesarias con los dos primeros ciclos, de promover lo necesario para articular con el Polimodal y garantizar que todo el esquema de innovación que prevé en la EGB 3 se lleve a cabo (...).

La Coordinadora del CEPT Nº 7 cumple con las funciones antes mencionadas ya que dio a conocer que una de las prioridades de su función es trabajar en el Tercer Ciclo con lo pedagógico, pero también tiene funciones administrativas y, además, es quien intenta, a pesar de las dificultades, ya sea de movilización, económicas, de tiempos y otras, establecer mecanismos de articulación entre las diez escuelas rurales de diferentes distritos que tiene a su cargo.

La figura de un nuevo coordinador, la articulación del Tercer Ciclo con el Polimodal, la necesidad de elegir la localización del Tercer Ciclo, el tener los CBC como estructura organizativa de los proyectos curriculares, son algunos de los aspectos que revelan que toda institución está atravesada por las políticas educativas actuales.

Lo señalado lleva a reflexionar acerca de que, si bien la mayoría de las instituciones se encuentran reguladas por el marco legal de la Ley Federal de Educación, cada una interpreta y lleva a cabo la normativa de una manera particular, según la ideología, la historia, la cultura, la identidad institucional; las necesidades de la comunidad educativa, la influencia que recibe de otras instituciones; las representaciones, sentimientos, imaginarios y deseos de cada uno de los sujetos que la integran; las necesidades políticas, económicas y sociales propias de cada región y de cada institución.

Los CEPT frente a los desafíos del Tercer Ciclo

A partir de la idea de que las instituciones abordadas presentan la particularidad de ser escuelas de alternancia, surgen múltiples interrogantes al intentar comprender los procesos de enseñanza y de aprendizaje que tienen lugar en estos espacios educativos: ¿qué concepciones de enseñanza y de aprendizaje subyacen en los actores entrevistados?, ¿qué importancia le atribuyen a la educación?, ¿cómo es la relación docente-alumno?, ¿cuál es el rol del docente?, ¿cuál es el rol del alumno?, ¿cuáles son los espacios de enseñanza y aprendizaje?, entre otros.

Para comenzar a dar respuestas a estos interrogantes resulta significativo el planteo de Estela Cols (2001), quien sostiene que la enseñanza es a la vez un hecho social y una acción individual; es una acción situada, informada, intencional y responsable. Considera que es tan cierto que la enseñanza como tarea primaria de las instituciones educativas remite a un tipo de intervención de carácter social e histórico a la vez regulador y regulada en virtud de su inserción en un espacio y tiempo específico, como asimismo, que la enseñanza es la acción situada de un sujeto con una particular biografía personal y profesional.

En el contexto actual, la enseñanza como hecho social está respaldada bajo el marco legal de la Ley Federal de Educación sancionada a fines del siglo XX. Este período, como ya se sabe, se caracteriza por un nuevo orden político, económico y cultural: la globalización. Además, se encuentra signado por la hegemonía de la ideología neoliberal y neoconservadora que surge a partir de la crisis de los años 1970. De esta forma, el capitalismo se recompone bajo dicha ideología, ya que privilegia al mercado como el único capaz de regular el funcionamiento económico, político, educativo, cultural y social de un país y realiza una fuerte crítica al Estado de Bienestar, como bien se explica en el Capítulo 1 de este libro.

Desde dicha perspectiva surge, entonces, la necesidad de impulsar un nuevo modelo de educación, ya que el mundo actual demanda un sujeto que se adapte a la globalización y a la mundialización, es decir, un sujeto crítico, reflexivo, eficaz, eficiente, polivalente, competente. Por este motivo, en el artículo 6º de la Ley Federal de Educación Nº 24195 se consigna que el fin de la educación es:

> (...) la formación integral y permanente del hombre y la mujer con vocación nacional proyección regional y continental y visión universal que se realicen como persona en las dimensiones cultural, social, estética, ética

 CAPÍTULO 3: *Nuevos relatos y análisis de propuestas pedagógicas*

y religiosa, acorde con sus capacidades, guiados por los valores de vida, libertad, bien, verdad, paz, solidaridad, tolerancia, igualdad y justicia. Capaces de elaborar, por decisión existencial su propio proyecto de vida. Ciudadanos responsables, protagonistas críticos, renovadores y transformadores de la sociedad, a través del amor, el conocimiento y el trabajo. Defensores de las instituciones democráticas (...). (Capítulo II. p. 9)

En lo que respecta específicamente al Tercer Ciclo de la EGB la Ley enuncia los siguientes objetivos:

> (...) se cuenta avanzar hacia la formación de competencias más complejas, la sistematización de conceptos y procedimientos de los diferentes campos del saber y del quehacer. Enfatizar la comprensión de la génesis y de las características de los procesos globales que afectan al mundo contemporáneo. Reflexionar sobre los principios y consecuencias éticas de las acciones humanas en los aspectos sociales, culturales, políticos, económicos y ambientales. Profundizar valores y actitudes indispensables para la formación del ciudadano (...). (p. 7)[2]

Es en este contexto y bajo este marco legal que los docentes desarrollan el proceso de enseñanza y de aprendizaje, por eso la enseñanza es un hecho social y también una práctica humana. Así se manifiesta en las siguientes palabras:

> (...) Hay margen para generar proyectos, para trabajar, pero lo que pasa es que no siempre las condiciones están dadas para poder hacerlo porque la situación ha marcado mucho a los docentes, el temor de que se saque la ruralidad va marcando mucho y la gente no tiene demasiadas ganas de generar cosas nuevas; pero no significa que no se hacen proyectos. Depende mucho de la gente y de la institución. Pareciera que el Estado largó toda la teoría y se desentendió de muchas otras cosas que tendría que haber seguido amparando para que se puedan concretar. (Entrevistado "A" del CEPT N° 7)

La expresión de este actor en el sentido de que varias de las actividades escolares dependen de la disponibilidad y el compromiso de los docentes refleja que la enseñanza, como práctica humana, compromete moralmente a quien la realiza, ya que el docente es quien decide qué y cómo enseñar de acuerdo con su ideología, su experiencia personal y profesional, los fines e

---

2   Ministerio de Cultura y Educación de la Nación. (1996). *Alternativas para la Organización Pedagógica del Tercer Ciclo de la Educación General Básica.*

intencionalidades educativas que se propone. Por eso se habla de una relación de desigualdad de poder y autoridad entre profesor y alumnos. Como plantea Marta Souto (1993, p. 197), es el docente quien posee el poder pedagógico, entendido como:

> (...) la capacidad de influir sobre los otros que surge de la combinación peculiar del poder social en su relación con el saber, con el lugar y el significado que adopta en la relación pedagógica (...). La comunicación, las normas, las formas de control y sanción, los roles, los liderazgos o relación de influencia dependerán fundamentalmente de las características que asuma el poder pedagógico en los grupos y clases (...). (p. 197)

Los docentes poseen el poder pedagógico porque son ellos quienes seleccionan los contenidos, las actividades, los recursos, el tipo de interacción que se establece entre docentes y alumnos, entre alumnos y pares y también son ellos quienes asignan un determinado rol al estudiante en el proceso de aprendizaje. Sin embargo, los entrevistados dieron a conocer que en la institución abordada ciertos aspectos del poder pedagógico son compartidos con el Consejo de Administración, ya que dicha entidad participa en la selección de los contenidos, en la evaluación de los proyectos productivos y en la elección de un determinado perfil de alumno. En dicha institución no se considera al docente como el único poseedor del saber, sino que también se valoran los conocimientos que poseen los miembros de la comunidad, la posibilidad de aprender a partir de la interacción con los pares, tal como se manifiesta en los siguientes relatos:

> (...) Al principio en 8º y 9º el plan de búsqueda tiene varios objetivos uno es que el alumno vaya aprendiendo y se atreva a hacer entrevistas, (...) A veces tienen miedo de hablar con otro productor. (...). Las entrevistas por ahí se hacían entre todos (...). La primera entrevista que le hacíamos era la talla productiva del productor, entonces allí saltaba el problema. Se armaban grupos y se analizaba la situación. Luego llevaban la solución al problema del productor y, a la vez, nos daba algunos asesoramientos en el intercambio (...). (Entrevistado "C" del CEPT Nº 9)

> (...) Cuando un alumno va por pasantía tiene que ir con un objetivo, con una guía o por lo menos un temario; (...) y quien lo recibe tendrá que mostrarle y enseñarle todo lo que hace (...). (Entrevistado "A" del CEPT Nº 9)

Lo expuesto permite inferir que la enseñanza es una tarea compleja, que implica que los docentes dejen de ser meros ejecutores para convertirse, en palabras de Giroux (1990), en "intelectuales transformativos", es decir, en sujetos capaces de tomar decisiones en diversas situaciones. Durante mucho tiempo el trabajo del profesor se caracterizó por ser una tarea individual, que consistía en aplicar en el aula los cambios que otros habían hecho; así se generaba una gran dependencia del docente en relación con los materiales curriculares propuestos desde los ámbitos nacional y jurisdiccional. En la actualidad, se demanda un docente crítico, reflexivo, un sujeto capaz de trabajar con otro, de tomar decisiones, de analizar su práctica, un sujeto que no se limita al trabajo áulico, sino que participa en la gestión político-institucional. Este nuevo rol del docente se explica en el "Encuadre institucional para la transformación educativa", propuesto por el Ministerio de Cultura y Educación de la Nación (1998, p. 40), de la siguiente manera:

> (...) El encuadre institucional que presentamos se plasma en proyectos centrados en los aprendizajes, que son producto de la elaboración colectiva de los actores institucionales. El concepto de gestión adquiere relevancia ya que la figura del director/a se ve resignificada por la cualificación de su función. Así la coordinación de los equipos de gestión y la presidencia del consejo institucional –órgano participativo y de asesoramiento constituido por padres, docentes y alumnos– constituyen parte esencial de la organización y dinámica institucional. De esta manera se permite el protagonismo de cada uno de los actores impulsando la democratización de las prácticas educativas (...).

En los CEPT, según lo expresado por los entrevistados, se impulsa la participación de diferentes actores en la dinámica institucional y en ciertos aspectos del proceso de enseñanza y aprendizaje, específicamente en los espacios de definición institucional, ya que el Consejo de Administración orienta y toma decisiones en lo que respecta a los contenidos y actividades que se involucran con los proyectos productivos a fin de responder a las demandas del sector agropecuario.

Proyectos Educativos Institucionales

Al pensar e imaginar una institución educativa aparecen diferentes imágenes: aulas, biblioteca, dirección, docentes, alumnos, contenidos, actividades, evaluación, recreos, una jornada escolar de lunes a viernes. Estas imágenes, como plantea Poggi (1993), están naturalizadas en los sujetos, es decir, se ven como algo normal o natural y, generalmente, no se reconoce que son producto de una construcción histórica y social, y que, por lo tanto, podrían ser de una manera diferente. Es necesario comenzar a indagar el significado y el sentido de cada uno de los elementos que constituyen la práctica pedagógica para reflexionar acerca de qué aspectos continúan siendo necesarios y cuáles pueden ser modificados. En las instituciones abordadas, si bien aparecen algunas de las mencionadas imágenes, los entrevistados dieron a conocer una forma particular de organizar la práctica pedagógica: circuito de visita de los docentes a las diferentes familias con el objetivo de guiar a los alumnos en el desarrollo de las actividades, la Pedagogía de Alternancia, el rol atribuido al Consejo de Administración, el trabajo con los productores y la comunidad. Estas características particulares ponen de manifiesto que cada escuela le imprime un sello propio a la forma de desarrollar el proyecto fundacional que le ha sido asignado a las instituciones educativas y que consiste, según Frigerio, Poggi y otras (1993, p. 69), en:

> (...) brindar enseñanza y asegurar aprendizaje, por ello la dimensión pedagógico-didáctica es la que por sus características brinda especificidad a los establecimientos educativos constituyendo las actividades de enseñanza y de aprendizaje en su eje estructurante, actividad sustantiva y específica.

Si bien cada institución elabora una propuesta curricular propia, respetando las demandas y necesidades de la comunidad, con el objetivo de responder al mandato fundacional, también debe atender las normativas preestablecidas en el nivel nacional, es decir, adecuar dicha propuesta curricular a los Contenidos Básicos Comunes elaborados por el Ministerio de Cultura y Educación de la Nación.

El mismo plantea el PEI como herramienta esencial de la gestión, en la medida en que hace posible que las prácticas pedagógicas sean el resultado de una acción deliberada y planificada por los sujetos de la institución, teniendo como base los lineamientos federal y provincial. Contribuye a mejorar las prácticas si participan todos los miembros de la institución en cada una de sus etapas, si las tareas y la organización de la institución se van adecuando a las demandas y condiciones del contexto institucional, si

   CAPÍTULO 3: *Nuevos relatos y análisis de propuestas pedagógicas*

las acciones se van adaptando y ajustando a los obstáculos y modificaciones que se van produciendo.

Con respecto al PEI los entrevistados "A" y "B" del CEPT Nº 7 expresaron:

> (...) Por el tipo de escuela, nosotros tenemos un PEI muy fuerte, sino hubiera sido imposible sobrevivir, con un sistema que es atípico en la Provincia de Buenos Aires. Tenemos que tener muy en claro para qué están estas escuelas, cuál es su rol y el perfil de los chicos. (...) Este año nos proponemos ver cuáles son las necesidades actuales y, a partir de aquí, hacer una serie de actividades y de proyectos. Eso es lo que vamos evaluando, metas cercanas (...). (Entrevistado "B")

> (...) lo vas evaluando (...) cuando hacemos la visita y estamos con la familia nos damos cuenta si el chico va bien en lo pedagógico, si se siente bien, si puede llevar una producción adelante. De muchas maneras se va evaluando (...). (Entrevistado "A")

El actor "A" del CEPT Nº 9 comentó lo siguiente:

> (...) PEI siempre existió acá desde antes que la Ley Federal lo llamara PEI; era un proyecto de desarrollo local, (...) porque no solamente están las cuestiones pedagógicas, los contenidos, la actividad áulica con los chicos, (...) sino que también están en realidad (...) los distintos proyectos de desarrollo que se trabajan principalmente con la comunidad, o con la familia de los chicos (...).

A partir de los comentarios de los entrevistados inferimos que los mismos perciben el proyecto institucional como un espacio en el cual toman decisiones teniendo en cuenta las características particulares que presenta la escuela. Lo reconocen como un elemento dinámico e interactivo que se construye y reconstruye en forma permanente.

Desarrollar el PEI supone indagar ciertos datos para planificar acciones. Es significativo el planteo de Burgos y Peña (1997) cuando sostienen que ya no es suficiente recabar datos sobre la ocupación, la escolaridad, los problemas de salud, constitución familiar, sino que es necesario integrar las representaciones, las ideas que acompañan lo que percibimos; habrá que reflexionar sobre la resistencia de los obstáculos que se pueden presentar y, por lo tanto, se necesita información de lo que sucede en determinado momento y comprender qué dicen los silencios, los gestos, los lugares, entre tanto.

Por eso, al evaluar todo lo acontecido en el transcurso del ciclo lectivo no basta con centrarnos en medir lo logrado, no logrado o medianamente logrado en relación con lo planificado, sino que también es preciso generar un espacio de discusión y reflexión que permita analizar qué pasó, qué no fue previsto, qué se llegó a concretar de lo que se había planificado, ya que todo esto está afectado por las motivaciones de los sujetos, sus experiencias y su situación emocional.

En cuanto a lo atinente a la particularidad de cada institución el Ministerio de Cultura y Educación de la Nación (1998, p. 2) sostiene:

> (...) lo general del sistema educativo y lo particular de cada institución se refleja en este componente (PEI) logrando configurar una propuesta curricular que atiende de manera coherente a las características particulares de la institución, sin descuidar las orientaciones elaboradas para la totalidad del sistema educativo (...).

Desde este enfoque, el Ministerio de Cultura y Educación de la Nación sugiere tener presente los siguientes componentes en la elaboración del PEI:

- Las orientaciones generales teniendo en cuenta las notas de identidad, los objetivos generales y las estructuras organizativas.
- La programación curricular que comunican los lineamientos curriculares de la institución.
- El reglamento institucional que define las reglas y procedimientos que regulan la vida institucional.

Sin embargo, desde el documento ya citado se afirma:

> (...) lo verdaderamente importante es dotarse de todas esas pautas, acuerdos y principios; llegar a establecerlos, determinar dónde se colocan: si en un apartado u otro, en un documento u otro es una decisión arbitraria y puramente formal que no debería preocuparnos. (...) lo realmente importante es que cada institución llegue a construir y establecer respuestas y propuestas a sus necesidades organizativas, curriculares y normativas. (p. 26)

Para que este último aspecto pueda concretarse es imprescindible que cada centro cuente con autonomía real para llevar a cabo dicho proyecto. Los entrevistados, como ya se expresara, sostienen que ellos, desde un principio, han elaborado el PEI de acuerdo con las particularidades que

          CAPÍTULO 3: *Nuevos relatos y análisis de propuestas pedagógicas*

presenta la institución y que en los espacios de opción institucional se desarrollan diferentes proyectos que responden a la identidad institucional y a las demandas de la comunidad:

> (...) Está el área de Ciencias Sociales, el área de Ciencias Exactas (...) Ciencias Naturales, (...) el área de Comunicación y Expresión (...) Artística, (...) Educación Física (...) y después tenemos las ofertas curriculares que en el caso del CETP (...) son las áreas de producción (...) en octavo y noveno tenemos un instrumento que es el plan de búsqueda, el chico investiga cosas en su casa, los saberes de su familia y después lo lleva allá y hacemos una puesta en común (...). (Entrevistado "B" del CEPT Nº 7)

> (...) primero tenés un plan de búsqueda en octavo y noveno año, después tenés desarrollo regional en segundo de polimodal y al final es desarrollo local (...) el objetivo era analizar la región, mediante el plan de búsqueda, ver qué producción se hacía, cuál era la producción más rentable (...). (Entrevistado "C" del CEPT Nº 9)

7° Año	8° Año	9° Año	1° Año	2° Año	3° Año
Escuela Albergue "TH" Escuelas Rurales	Plan de Búsqueda	Plan de Búsqueda	Tesis	Desarrollo Regional	* Desarrollo productivo * Proyecto productivo

Áreas

visitas

Como fuera mencionado en el capítulo 2, según Dino Salinas Fernández, la planificación se da en tres momentos: preactivo, interactivo y postactivo.

En lo que respecta a la planificación preactiva el entrevistado "A" del CEPT N° 9 expresó:

Gráfico realizado por el entrevistado "B" del CEPT N° 7

> (...) tenemos todos una planificación de contenidos y de actividades para ir desarrollándolo durante el año, tratamos de que esos contenidos tengan vinculación con el resto de las áreas (...). Es un desafío en cuanto a los docentes, el hecho de pautar las actividades para esos quince días;

porque tenés que estar pensando en que los chicos son de diferentes orígenes, diferentes recursos para investigar (...).

De estas palabras se desprende la importancia de planificar en equipo y la necesidad de ver a la planificación de una forma abierta y flexible, ya que si bien la misma permite organizar, dirigir y orientar las acciones, por otro lado, siempre está condicionada por los sucesos del aula. Es aquí donde tiene lugar el segundo momento de la planificación denominado interactivo. Se pasa del nivel objeto-fin, planificado, al de lo enseñado en tanto realización concreta en el medio ambiente del aula. Al respecto, Doyle (citado en Gimeno Sacristán y Pérez Gómez, 1993) afirma que se caracteriza por la multidimensionalidad (gran cantidad de eventos, tareas, procesos y propósitos presentes), simultaneidad (hecho en el que en el mismo momento ocurren muchas cosas distintas que no se unifican en una única acción), inmediatez (rapidez con que transcurren los sucesos en el aula, por lo cual resulta escaso el tiempo para reflexionar antes de actuar), impredecibilidad (los hechos del aula toman giros inesperados, hay distracciones, interrupciones frecuentes), publicidad (las clases son lugares públicos y las conductas son visibles para todos los participantes), historicidad (la clase transcurre en un tiempo y ello genera una acumulación de experiencias, rutinas y normas).

Dichas características del aula conducen a la necesidad de realizar una planificación abierta y flexible que se adapte a la complejidad de la misma. En este sentido, los entrevistados manifestaron el desafío que se les presenta a los docentes del CEPT, ya que tienen que planificar la tarea que se realiza durante la semana intensiva en la escuela y las actividades para los quince días de permanencia de los alumnos en sus casas. Este trabajo es difícil porque se pierden las instancias de planificación interactiva.

La planificación postactiva conlleva un momento de reflexión sobre lo que el docente quiso y pudo llevar a cabo en el aula y sobre los fenómenos y sucesos que trajeron aparejados los cambios.

Es significativo que los docentes trabajen en equipo en los distintos momentos de la planificación, ya que, como manifestamos, la práctica pedagógica es una tarea compleja, que demanda reflexión, participación, compromiso, toma de decisiones en cuanto a los contenidos a enseñar, al rol que se le asigna al alumno en los procesos de aprendizaje. En las experiencias analizadas se favorece el trabajo en equipo debido al perfil del docente y al requisito de una carga horaria mínima pautada. También los entrevistados manifestaron que en la elaboración de la propuesta curricular del aula no sólo cumple un rol fundamental el docente, sino que se amplía la base de participación ya que interviene el Consejo de Administración, los padres, la comunidad en el momento de seleccionar contenidos, evaluar las tesis, guiar el plan de búsqueda, entre otros. Todas estas características demuestran que en los CEPT se valora la palabra de los diferentes actores institucionales, se crean instancias para favorecer la autonomía institucional y de esta manera se responde a uno de los criterios de la reforma educativa: lograr una gestión autónoma de las unidades escolares.

Para cerrar este apartado y comprender aún más que los PEI son una construcción conjunta en los CEPT, se podría decir que en ellos se desarrollan diferentes estrategias para favorecer la participación colegiada y terminar con las estructuras jerárquicas y verticalistas que primaron y siguen vigentes en la mayoría de las instituciones educativas. Así lo expresan las siguientes citas:

> (...) acá se trata a todos por igual, no hay nadie más arriba o nadie más abajo, van a ver que acá no hay el típico director de otras escuelas en que por ahí ni contacto tienen con los chicos (…) es toda una organización que tenemos (...). (Entrevistado "B" del CEPT Nº 9)

> (...) Son como un padre (...) como una familia (...) eran distintos los profesores del CEPT que viven con vos, que duermen con vos, (...) cuando están dentro del aula… No los ves como una autoridad, el director tampoco. Es más corta la distancia entre alumno y docente que en una escuela común. Yo creo que es por el hecho de que convivís y todo eso (...). (Entrevistado "C" del CEPT Nº 9)

El modo de acción concreta se traduce, así, en un estilo de gestión basada en la participación y en la cooperación "entre iguales".

Trabajo en equipo

El Ministerio de Cultura y Educación de la Nación plantea para el Tercer Ciclo de la EGB el trabajo en áreas y, en consecuencia, el trabajo en equipo, expresando que:

> (...) La organización del nivel en ciclos hace imprescindible el trabajo en equipo por parte de los docentes para planificar en común el ciclo en el cual se desempeñan, estableciendo graduaciones y logros. Ello tiene como propósito aprovechar mejor las experiencias, las especialidades, las aptitudes de los docentes y el equipamiento del establecimiento, asignando grupos, actividades, espacios curriculares, coordinación de áreas o departamentos de acuerdo con la organización curricular institucional y las necesidades de los alumnos (...). (Ministerio de Cultura y Educación de la Nación, p. 9)

Es necesario, además, favorecer una mayor inserción institucional de los docentes, tendiendo a las designaciones por cargo y horas concentradas en el mismo establecimiento, y reservar un tiempo exclusivo para reuniones de equipo por ciclo, área, para tareas de orientación o tutoría, para la implementación de proyectos institucionales y para el perfeccionamiento o capacitación en servicio, entre otros. En este sentido, los actores institucionales manifestaron que en el interior del CEPT se valora al trabajo en áreas porque favorece los procesos de aprendizaje de los alumnos. En palabra de los entrevistados:

> (...) los profesores tienen bastante carga horaria, (...) en el CEPT, pero también tienen trabajos en otros lugares, eh... después bueno, (...) trabajamos en forma areal lo pedagógico del Tercer Ciclo, hay un área por ejemplo de Ciencias Sociales, hay un coordinador y dos docentes de Ciencias Sociales, y no se ven en forma separada Historia y Geografía, la Educación Cívica o ahora Educación Ética y Ciudadana, sino que se ven interdisciplinariamente (...). (Entrevistado "A" del CEPT N° 7)

> (...) Esto es un trabajo interdisciplinario se trabaja por áreas, aparte todos sabemos de todo un poco, no del todo, pero tratamos de estar en comunicación permanente; (...). (Entrevistado "B" del CEPT N° 9)

Si bien el trabajo en equipo y por área se realiza en el interior del CEPT, es pertinente aclarar que no todos los alumnos del Tercer Ciclo tienen la posibilidad de enriquecerse con las experiencias y especialidades de los diferentes docentes, debido a que los séptimos años funcionan en las diferentes escuelas de EGB 1 y 2 de personal único. Además, al no existir una "buena articulación" entre el séptimo, octavo y noveno año, no se cumple con uno de los principales objetivos del ciclo que es garantizar su identidad específica como ciclo de la EGB.

El espacio para generar trabajo en equipo y areal es fundamental para la concreción de uno de los objetivos del último ciclo de la EGB: la sistematización de conceptos y procedimientos de los diferentes campos del saber y del quehacer. Por lo tanto, es necesario superar el trabajo individual de los docentes que conlleva a la formación academicista y disciplinar de los alumnos en asignaturas conformadas como compartimentos estancos, que no tienen posibilidad alguna de relacionarse, de generar algún tipo de vínculo o intercambio. Sin embargo, no es tarea fácil trabajar en equipo, porque surgen algunos obstáculos como las condiciones laborales de los docentes y la "falta" de capacitación. En cuanto a las condiciones laborales de los docentes no se puede dejar de mencionar que los mismos forman parte del grupo de los "nuevos pobres" debido a que están limitados en el acceso a determinados bienes culturales, sociales, económicos. Además, deben desarrollar diferentes estrategias para su subsistencia, como docentes de otra institución del sistema educativo, como maestros particulares, se dedican a la venta de bienes de consumo (ropa, cosméticos, etc.). El pluriempleo trae aparejado la desprofesionalización de los docentes. Como afirma Braslavsky, C. (1995, p. 75) "(...). Se podría pensar que los docentes, como individuos que pertenecen a un grupo profesional, transitan por una crisis de triple vía: la frustración, su pauperización y el desprestigio de la profesión que ejercen (...)".

Los entrevistados de ambos CEPT manifestaron que los docentes de la institución tienen la posibilidad y el compromiso de participar en reuniones institucionales. Se hace una selección de personal, no obstante en la actualidad dicha actividad se ha puesto en riesgo debido a los recortes presupuestarios.

Los integrantes de los CEPT expresaron lo siguiente:

> (...) recortaron todas las ruralidades, de cinco puntos caímos a tres, se nos presentó un recorte del veinte por ciento, la cuestión es que nos paga el Estado como a cualquier profesor o a cualquier docente (...). (Entrevistado "A" del CEPT N° 9)

> La ruralidad es un plus que te daban en el sueldo por tal condición donde contemplaban la distancia, por ejemplo, al consejo escolar y también se tenía en cuenta la distancia y función que cumplía la escuela. En el caso del CEPT que hace visitas a los hogares, (...) también estaba contemplado esto. Pero bueno, con el ajuste de la provincia nos pasaron a ruralidad tres, lo que fue un bajón para los profesores. (...). En eso, ves, los docentes siguen laburando a pesar de toda esta situación y que el gobierno se desentiende. (Entrevistado "A" del CEPT Nº 7)

Otro de los obstáculos para concretar el trabajo en equipo y alcanzar los objetivos propuestos para el Tercer Ciclo es la "falta" de capacitación de los docentes, en este sentido resulta significativo el planteo de Feldman (1994), quien sostiene que la capacitación es un vehículo para el ingreso a la escuela de nuevas ideas, discursos y concepciones. Las instancias de capacitación son muy importantes para la implementación de cualquier reforma educativa, ya que no se puede obviar que son los especialistas quienes poseen el saber experto y, por lo tanto, son quienes elaboran los objetivos, diseños curriculares, seleccionan metodologías, construyen los encuadres teóricos sobre los cuales se asienta la reforma. Por otro lado, son los docentes quienes poseen los saberes prácticos, los cuales les permiten tomar decisiones y actuar en la cotidianidad del aula. Desde dicha perspectiva, los docentes de ambos CEPT manifestaron que a pesar de haber recibido capacitaciones no fueron suficientes y además se realizaron en localidades alejadas al distrito.

> Yo sé que mucha gente hizo capacitación para Tercer Ciclo, a raíz de esto obtuvo su cargo titular. (...). Los docentes del CEPT no todos han hecho. (...) Lo que pasa es que para la capacitación hay que moverse a otro lugar, no las traen acá. Y después está la capacitación en Servicio que hace cada institución, (...) y que sirve, también porque cada institución tiene que pensarse a sí misma y tiene que generar proyectos. (Entrevistado "A" del CEPT Nº 7)

En cuanto a la Capacitación en Servicio, se infiere que la misma puede constituirse en un ámbito de formación, ya que, como plantea Sacristán (1993), el docente no sólo se forma durante el momento de cursado de la carrera, sino que también existen otros momentos de formación que influyen en las prácticas de enseñanza. En la etapa de inserción laboral se aprende de la propia experiencia y de la relación con los colegas.

Según Feldman (1999), estas etapas de socialización profesional hacen que el docente vaya construyendo esquemas o conocimientos prácticos que

		CAPÍTULO 3: *Nuevos relatos y análisis de propuestas pedagógicas*

no es sólo conocimiento derivado de la experiencia, sino que es utilizado para la resolución de problemas prácticos. Estos esquemas le facilitan al docente regular el ambiente de la clase, ya que puede dirigir la atención hacia aquellos sucesos que son menos previsibles, menos regulares.

Si bien la capacitación en el interior de la institución es muy importante porque se apoya en el saber práctico de los docentes y crea un espacio para acordar objetivos institucionales, también es importante tener en cuenta que dichos objetivos deben adaptarse al marco legal de la Ley 24195 y, por lo tanto, las prácticas de los docentes deben responder a lo establecido por la Ley; para ello resulta imprescindible la capacitación como vehículo para disminuir la brecha entre el saber de los especialistas y el saber práctico. La necesidad de capacitación fue expresada por el entrevistado "A" del CEPT N° 9:

> (...) Si bien hemos tenido alguna capacitación docente, somos profesionales, yo soy veterinario así que no tenemos una base pedagógica (...) algunos tenemos capacitación docente que la institución acredita legalmente pero, no es lo mismo venir de una formación profesional, que venir de una formación docente; entonces a veces caemos en estrategias universitarias y que a veces no sirven para el nivel EGB y polimodal (...).

De estas palabras se infiere la importancia que tiene la capacitación de los docentes, ya que son ellos los que realizan la transposición didáctica. Yves Chevallard (1998, p. 16) considera que la misma:

> (...) remite al paso del saber sabio al saber enseñado, y por lo tanto a la distancia eventual, obligatoria que lo separa. (...). Para que la enseñanza de un determinado elemento del saber sea meramente posible, ese elemento deberá haber sufrido ciertas deformaciones, que lo harán apto para ser enseñado. El saber-tal-como-es-enseñado, el saber enseñado, es necesariamente distinto del saber-inicialmente-designado-como-el-que-debe-ser-enseñado, el saber a enseñar (...).

Uno de los peligros que se corre en este proceso es que el conocimiento a enseñar sufra "deformaciones" en las sucesivas adaptaciones, por lo cual se corre el riesgo de que el conocimiento erudito pierda el verdadero sentido y significado con el que fue elaborado, de tal forma que al ser aprendido pierda su significado inicial. Por esto se habla de las patologías de la transposición.

Este miedo a las patologías de transposición fue expresado por el docente entrevistado del CEPT N° 9. La capacitación del docente constituye una de las armas indispensables en el momento de formar a los alumnos como sujetos críticos, reflexivos, competentes, eficientes, eficaces, sujetos capaces de defender una postura y respetar la del "otro", en síntesis: un sujeto que sepa hacer, ser y pensar.

Proyecto, Orientación y Tutoría:
una nueva función para el docente del Tercer Ciclo

A partir de la reforma educativa se amplía la función del docente del Tercer Ciclo, quien adquiere la función orientadora, según lo expresado por el Ministerio de Cultura y Educación de la Nación:

> (...) Por tratarse del ciclo terminal de la obligatoriedad debe asumir claramente una función orientadora, ampliando los ámbitos de experiencia de los alumnos para que puedan perfilar decisiones vinculadas con sus proyectos de vida. (...). El Tercer Ciclo debe considerar como una columna vertebral de su organización curricular, perspectivas que faciliten, tanto la orientación educativa como la laboral. (...). Deben superarse, por ello, los modelos de orientación basados en la responsabilidad individual de un docente para transformarse en una impronta que atraviesa toda la propuesta pedagógica didáctica del ciclo. Ayudaría también a lograr este objetivo la inclusión de instancias que sirvan para fortalecer un seguimiento individualizado de cada alumno, generar espacios grupales en los cuales puedan conocerse a sí mismo y conocer a los demás integrantes, canalizar inquietudes individuales y grupales. (p. 7)[3]

Según lo expresado por los entrevistados, la función orientadora del docente se desarrolla en el interior de los CEPT desde el comienzo de los mismos, por intermedio de diferentes herramientas pedagógicas: plan de búsqueda, proyectos productivos (desarrollo local, desarrollo regional), tesis y pasantías. En palabras del actor "A" del CEPT N° 9:

> (...) Cada alumno tiene dos tutores docentes que los elegimos de acuerdo con la afinidad con el chico, con la afinidad del tema y con la distancia porque hay que visitarlo. En Tesis también tenemos un sistema de tuto-

---

3   Ministerio de Cultura y Educación de la Nación (1996). *Encuadre para la Organización Pedagógica del Tercer Ciclo de la Educación General Básica.*

rías cada alumno con su tutor cuando está el espacio puede ser ahora de 8 a 10 horas tal día cada alumno trabaja con sus tutores como estamos ahora con uno o con los dos en forma personalizada (...).

Los Proyectos de Orientación y Tutoría se constituyen en un espacio para que los alumnos desarrollen sus propios proyectos de acuerdo con sus intereses. Mediante los proyectos, los chicos pueden profundizar ciertos contenidos, realizar trabajos de investigación, organizar sistemas de convivencia, emprender trabajos con la comunidad, entre otros.

> (...) involucrar a los chicos en este tipo de proyectos son espacios privilegiados para la exploración de sus vocaciones, les permite poner en acción una cantidad de competencias para que puedan definir qué cosas les gusta hacer. La posibilidad de probarse va orientando sus vocaciones (...). (Revista Zona Educativa, Año 2, *1*, p. 23)

La función orientadora amplía y complejiza la tarea del docente. Además de enseñar los contenidos específicos y disciplinares tiene que trabajar en equipo para poder brindar a los alumnos la posibilidad de experimentar situaciones diversas con el objetivo de descubrir qué es lo que les gusta. Dicha función no sólo debe ser desempeñada por el asesor pedagógico, sino por todos los docentes. En las instituciones abordadas los alumnos tienen la oportunidad de elegir al docente tutor de acuerdo con la selección temática del proyecto. Es pertinente aclarar que, si bien existe un titular, todos los docentes están comprometidos con los Proyectos de Orientación y Tutoría, ya que las características de la institución favorecen el conocimiento de los alumnos, el seguimiento individualizado de los mismos en los diferentes momentos que se comparten: en el interior de las aulas, en las visitas, las charlas de convivencia; espacios en los cuales los alumnos tienen la posibilidad de conocerse y conocer a otros, compartir experiencias, analizar la vida cotidiana y las situaciones escolares del día.

Puede inferirse que la función de orientación no es algo nuevo para los docentes del CEPT, sin embargo, es necesario reflexionar sobre cómo desempeñan esta tarea los docentes de escuelas rurales que tienen a su cargo de primero a séptimo año, ya que el proyecto de orientación y tutoría es una de las características específicas para la EGB 3 y debe ser una impronta que atraviese toda la propuesta pedagógica didáctica del ciclo.

Desarrollo de competencias

En el contexto actual, a los docentes se les plantea un gran desafío dado que la sociedad está atravesando un momento de profunda crisis, tanto en sus aspectos económicos, políticos y sociales como en lo relativo a sus valores y conocimientos. En palabras de María Teresa Sirvent (1992), "La crisis no es sólo económica, social o política, sino que también es una crisis de esperanza; nos invade un fatalismo determinista que, como tal, incluso paraliza nuestra posibilidad de pensar reflexivamente y anticipar esquemas de acción" (p. 17).

Ante esta crisis, Jaim Etcheverry (2000), en su libro *La Tragedia Educativa*, plantea que la educación tiene un gran desafío debido a que sucesivamente las nuevas generaciones van "perdiendo" la capacidad de pensar y reflexionar para resolver situaciones conflictivas. Ante esto afirma lo siguiente:

> (...) Nos tropezamos, así, con la misión más trascendente de la educación: la de dotar a las personas de las herramientas que les permitan 'vestirse por dentro' (...). Desnudos por dentro, nuestro espacio interior está quedando vacío como resultado de una educación que, en realidad, es un desalojo planificado. Convertidos en seres chatos, sin profundidad, sólo tenemos vida cotidiana, monopolizada por la contemplación de pocas estimulantes vidas ajenas. Desprovistos de las múltiples dimensiones de la experiencia humana que da la cultura, creemos que las que nos muestran las pantallas fosforescentes es la única vida posible (...). (p. 190)

Asimismo, expresa que, así, las jóvenes generaciones se van llenando de los desechos con que, tenazmente y sin pausa, las alimentamos. Ingresan en sus mentes sin resistencias porque ellos no están en condiciones de oponerles las experiencias propias ni las de otros, adquiridas por asimilación de la cultura. Dice que esto es grave porque la persona responde a la incitación de la cambiante realidad que la rodea de acuerdo con la riqueza y la calidad de las referencias y los recuerdos con los que haya conseguido "vestirse por dentro". Dicha tarea requiere el tiempo, la reflexión y el silencio que se están escurriendo de nuestras vidas. Dócilmente, nos hemos dejado convencer de que no tenemos tiempo para elegir nuestro ropaje interior. Otros nos lo imponen. Manifiesta que abandonamos el hábito de pensar porque cada día

     CAPÍTULO 3: *Nuevos relatos y análisis de propuestas pedagógicas*

tenemos menos instrumentos para hacerlo, que carecemos de los términos de comparación que, precisamente, nos debería dar la escuela.

Podemos inferir que en el interior de los CEPT se crean espacios para que los sujetos puedan "vestirse por dentro", uno de estos espacios es la convivencia, en el cual los alumnos tienen la oportunidad de reflexionar sobre temas de interés, sobre la convivencia en la institución, resolución de problemas que surgen en la interacción, sobre la importancia de la cooperación, la solidaridad, el respeto, entre otras competencias sociales y actitudinales. Esto se pone de manifiesto en las siguientes entrevistas:

> (...) La particularidad que tiene con respecto al secundario es que en el CEPT no hay amonestaciones. (...). Todas las noches (...) había una reflexión en donde nos sentábamos todos los alumnos y los dos docentes que se quedaban a dormir, (...) hablábamos de los problemas (...). (Entrevistado "C" del CEPT N° 9)

> (...) tenemos un espacio que es convivencia, que ahí se trabajan con técnicas (...). Y la verdad es que resulta interesantísimo esto de que la convivencia sea manejada con charlas (...) es muy bueno porque los chicos logran un nivel de protagonismo que opinan qué les parece que está bien, lo que ha hecho otro compañero o qué está mal, al menos forman su criterio, viste, se animan a opinar (...). (Entrevistado "A" del CEPT N° 7)

En este espacio se puede desarrollar una de las competencias propuestas por el Ministerio de Cultura y Educación de la Nación denominada "competencias relativas de la interacción social": grupales y sociales. Las primeras refieren a capacidades de participar como miembro de un grupo, aceptar el disenso, consensuar, enseñar a otros ejercicios de liderazgo rotativos, como asimismo delegar funciones y tareas y contribuir en la construcción de proyectos colectivos. Las segundas remiten a la capacidad para interactuar en los espacios de constitución social no inmediatos a la cotidianidad del sujeto.

También en los CEPT se intenta desarrollar competencias por medio de diferentes actividades como el plan de búsqueda, los proyectos productivos, las tesis y las pasantías, que conducen a que los alumnos cumplan un rol activo en el proceso de aprendizaje. Para estas acciones los alumnos tienen que elegir un tema, plantear hipótesis, realizar entrevistas, seleccionar bibliografía, proponer soluciones para los problemas que aparezcan, exponer dicho tema ante un jurado integrado por docentes, productores y Consejo de Administración. En el desarrollo de las mismas adquiere relevancia la posibilidad de interactuar con los miembros de la comunidad, con los docentes, con los textos y con los compañeros. La interacción con estos últimos es fundamental porque puede favorecer el "(...) logro de aprendizajes cognitivos, a la vez que incentivaría aprendizajes sociales y psicoafectivos desde las interacciones" (Souto, M., 1993, p. 239).

El Ministerio de Cultura y Educación de la Nación, en el documento "Marco de referencia. Borrador de trabajo. Hacia una definición integrada del término competencia" (1998), también menciona la necesidad de desarrollar en los alumnos competencias intelectuales y prácticas. Desde esta visión se define a las primeras como "(...) procesos cognitivos internos necesarios para operar con los símbolos, las representaciones, las ideas, las imágenes, los conceptos y otras abstracciones. Constituyen la base para la construcción de competencias prácticas, interactivas y sociales (...)" (p. 7). En las palabras del entrevistado "C" del CEPT Nº 9 aparece cierta tendencia al logro de este tipo de competencias:

> (...) vos empezás con el tema, después tenés que hacer una hipótesis, justificar esta hipótesis o descubrís que lo de la hipótesis estaba mal porque decías el maíz es conveniente sembrarlo en tal fecha, luego vos investigás siete meses, ocho meses y te dabas cuenta de que no. Bueno, igual estaba bien porque vos descubrías el error, entonces siempre te servía (...).

Cabe aclarar que si bien la tesis se realiza en primer año de Polimodal, ya desde octavo y noveno año, a partir del plan de búsqueda, comienzan a desarrollarse diferentes actividades que contribuyen a la preparación de dichas tesis, proyectos productivos y pasantías.

Las competencias prácticas "(...) refieren a un saber hacer, a una puesta en acto (...) se manifiestan en una dimensión pragmática (...)" (p. 7)[4]. Se subdividen en diferentes tipos de capacidades: comunicativas, tecnológicas y organizativas.

Las comunicativas hacen referencia a la capacidad de procesar información, de elaborar discursos de diferentes estilos: científicos, periodísticos, literarios, discursivos, etc. Al respecto un alumno del CEPT Nº 9 expresó:

---

4   Ministerio de Cultura y Educación de la Nación (1998). *Marco de referencia. Borrador de trabajo. Hacia una definición integrada del término competencia.*

    CAPÍTULO 3: *Nuevos relatos y análisis de propuestas pedagógicas*

> (...) los contenidos de las materias que daban no son tan iguales a otra
> escuela (...) te muestran varias caras, un artículo en el área de comuni-
> cación, (...) te daban una noticia y las veíamos en todos los diarios y te
> muestran según el 'tipo' que las escribe como han cambiado que por
> ahí en otras escuelas no. Es todo oficial. El oficialismo de tal tipo, de
> tal forma de pensar, acá no, es como que te abren la cabeza en casi todo.
> (...). Es como que te enseñan a pensar, vos después elegís la ideología
> que quieras (...). (Entrevistado "C" del CEPT Nº 9)

También los actores entrevistados dieron a conocer que los alumnos, los docentes y los miembros de la comunidad participan en el proyecto de prensa y difusión dedicado a la elaboración del diario *Raíces*, en el cual se publican noticias nacionales, provinciales, locales e investigaciones de los alumnos que responden a los interrogantes de los productores de la zona.

Las capacidades tecnológicas se basan en la aplicación y selección de tecnologías para la resolución de un problema planteado. El CEPT Nº 9 tiene la posibilidad de desarrollar estas capacidades mediante el trabajo en el laboratorio con la orientación de un médico veterinario.

> (...) el laboratorio tiene la función de hacer análisis agropecuario para
> semilla en la parte de forraje y después la parte de veterinaria. Este
> apunta a favorecer todo lo que es desarrollo local, esto lo hace el CEPT
> con los proyectos que los alumnos realizan aquí mismo, está el proyecto
> tambo-fábrica en el que yo participo que es en donde se le da asesora-
> miento, donde se comienza a trabajar con los productores tamberos (...).
> (Entrevistado "A" del CEPT Nº 7)

Según Inés Aguerrondo (1998, p. 47), "La escuela de la Ley 24195 (...) tiene como compromiso que los chicos adquieran competencias, es decir 'conocimiento en acción'. No basta con que un alumno 'sepa' tiene que 'saber hacer' (...) una competencia es 'un saber hacer, con saber y con conciencia'". Es decir, que para poder desarrollar una competencia se necesita saber, pero no solamente para la escuela sino para poder vivir y tener éxito en la sociedad actual. Ser competente significa poder enfrentar problemas y resolverlos, tarea no fácil en la actualidad ya que demanda cada vez más conocimien-tos. Sobre el particular, desde el Ministerio de Cultura y Educación de la Nación se plantea que las competencias son un conjunto de capacidades que organizan el conocimiento y la interacción para la realización de actividades en trabajos concretos. En el interior de las instituciones abordadas se brinda a los alumnos este tipo de situaciones de trabajo a través de los espacios de definición institucional. Un entrevistado comentó:

> (...) La idea es que cuando egresás de la escuela salgas capacitado como para ir de empleado a cualquier campo, de administrador o de capataz (...) listo para trabajar que tenga suficiente experiencia, no la idea de que sepas todo lo teórico y después vayas a un campo y no sabés qué hacer (...). (Entrevistado "C" del CEPT N° 9)

Para el desarrollo de las competencias, los docentes seleccionan diferentes medios. Es interesante el planteo de Edith Litwin (1997, p. 10) ya que tiene una visión amplia de los mismos:

> (...) la noción de 'medios al alcance de los docentes' no se limita a la tiza, el pizarrón, los videos, las guías de estudio, los textos o la computadora. Incluye también todas las decisiones didácticas que el docente pueda considerar para lograr lo que se propone en su enseñanza: la selección y organización de los contenidos en relación con el currículo, la planificación, las formas de proponer las actividades priorizando el tipo de organización espacial, horaria y el tipo de actividades cognitivas del alumno comprometidas en el transcurso de la tarea (...) el docente debe evaluar las finalidades y propuestas pedagógicas que el medio propone en sí mismo y considerarlas en función de sus propósitos y finalidades. Esta tarea se inscribe en la 'evaluación de materiales' que cotidianamente se practica en la docencia, cuando se seleccionan textos, artículos de diarios o revistas (...) para incorporar en las clases (...).

Desde esta postura, también son medios la elaboración del periódico, las tareas que los alumnos realizan en el hogar, el trabajo en grupo, las reflexiones en la convivencia, los reportajes a los productores, la construcción de los proyectos y tesis, los asesoramientos de los productores, entre otros; los medios no son ni buenos ni malos, sino que dependen de cómo se los utilice y con qué objetivos.

Una particularidad de los CEPT abordados es que los recursos didácticos no son elegidos únicamente por el docente, sino también por los miembros de la comunidad y del Consejo de Administración. Es preciso aclarar que esta selección se realiza teniendo en cuenta los objetivos propuestos por la institución y el contexto en el que se halla inserta la escuela. Es significativa la participación de diferentes actores institucionales, ya que las distintas miradas y posturas enriquecen el análisis de las propuestas educativas, de cómo las mismas se desarrollan en la práctica, de cuáles son las dificultades que obstaculizan el cumplimiento de éstas. Como afirma Santos Guerra (1996, p. 130):

> (...) Reflexionar sistemática y colegiadamente sobre la práctica es imprescindible para comprenderla y mejorarla. Es el diálogo profesional lo que permite enriquecer la acción. La evaluación se convierte así en un proceso de diálogo, comprensión y mejora (...).

Agrega que una de las ventajas y de las finalidades de la evaluación es que propicia el diálogo y el debate sobre la realidad educativa de la escuela. De la discusión nadie debe estar excluido y ha de realizarse en condiciones que permitan el ejercicio real (no sólo formal) de libertad. No siempre se puede decir lo que se quiere. Para ello se necesitan tiempos sistemática y específicamente destinados al diálogo.

En el interior de los CEPT existen diferentes espacios de participación y de diálogo, entre ellos el espacio institucional, el trabajo areal, los circuitos de visitas y el Consejo de Administración. Estos espacios fueron mencionados por los entrevistados:

> (...) tienen actividades para hacer en la casa y los profesores vamos a visitarlos (...) la visita domiciliaria, que es un instrumento pedagógico, vamos a la casa a ver por ejemplo como van las tareas, si tienen dudas, si llevan adelante su producción, eh... charlamos con la familia, es un momento como para hacer un seguimiento pedagógico, pero también un lazo social con la familia y ver en qué medida el CEPT puede colaborar (...). (Entrevistado "A" del CEPT Nº 7)

> (...) coordino un área (...) el grave problema de Ciencias Sociales es verlo compartimentado, tenés docentes que dan Geografía y otros que quieren dar Historia nada más, o la vieja Instrucción Cívica. Mi misión es que no se pierda la visión de las Ciencias Sociales y que las cuestiones se trabajen en forma integrada, (...). Algo importante que quizás no lo hablaron, es que en estos espacios curriculares y en las áreas, no solamente entra uno solo, en tu espacio entran varios profesores a trabajar (...). (Entrevistado "B" del CEPT Nº 7)

De las palabras del entrevistado "B" del CEPT Nº 7 se deduce que esta escuela responde a lo establecido por la Ley Federal de Educación en lo que respecta a la propuesta pedagógica del Tercer Ciclo basada en la organización de los CBC en espacios curriculares. Esta organización tiende a superar la visión fragmentada de los contenidos desde la lógica disciplinar y a lograr la articulación e integración de los conocimientos de las diferentes disciplinas y el desarrollo de las competencias. Ello supone un trabajo en equipo, la participación comprometida de los docentes en la selección de contenidos, la posibilidad de discutir la forma de integrarlos, de elegir las actividades a desarrollar, el modo de evaluar, entre tanto. La tarea está atravesada por la postura ideológica de cada docente y por las concepciones que subyacen en el interior de la institución acerca de cómo se enseña y cómo se aprende. Consecuentemente, esto define el lugar que se le otorga a cada uno de los elementos de la tríada pedagógica en el proceso de apropiación del conocimiento. En las experiencias analizadas, los diferentes actores revalorizan el vínculo que existe entre el alumno y el docente, ya que no se ve a este último como el único poseedor del conocimiento, como un ser autoritario, sino como un sujeto abierto al diálogo, a la escucha, a la orientación; una persona capaz de presentar a los alumnos nuevos desafíos, capaz de reconocer las habilidades, los intereses y las necesidades de los otros. Este vínculo que se establece entre el docente y los alumnos remite al planteo de Daniel Prieto Castillo (1999, p. 44) quien sostiene que:

> (...) La comunicación es el cemento de toda arquitectura del acto educativo (...) y por lo tanto (...) se aprende mejor en un ambiente rico en comunicación, en interacciones, en la relación con materiales bien mediados pedagógicamente, en la práctica de la expresión, en el encuentro cotidiano (...).

En todo hecho educativo alguien, de alguna manera, se construye desde la enseñanza o desde el aprendizaje, se apropia del mundo o de sí mismo.

Según el autor citado,

> (...) Toda educación sea de niños, adolescentes, adultos o ancianos, se orienta a la construcción y a la apropiación (...).

> (...) No se construyen conocimientos como quien está haciendo un edificio o algo fuera de sí mismo. Uno construye precisamente en sí mismo. Por lo tanto, en el terreno de la educación, construir es construirse. Y uno se construye no sólo a través de conocimientos. Lo hace por el arte, por el juego con el propio cuerpo, por las interacciones, por los encuentros con los otros seres (...). (p. 26)

En el interior de las Escuelas de Alternancia se valoran las interacciones con los distintos sujetos, ya que se concibe que los alumnos aprenden no solamente en el ámbito del aula, con el docente y con los pares, sino que también aprenden con su familia, con la comunidad, con los productores, entre varios. Los docentes también aprenden de sus alumnos, de colegas, con los padres y con los miembros de la comunidad en general. Por eso, en estas escuelas se enfatiza que en el proceso de enseñanza y de aprendizaje se construyen tanto el docente como el alumno.

Algunas conclusiones

Fue significativo acercarse a conocer las experiencias educativas de la EGB 3 Ruralizada para indagar cómo se posicionan los diferentes actores frente a las nuevas demandas que se le exigen a la escuela en la actualidad. Es pertinente aclarar que la trama de interacciones que se tejen en la vida cotidiana de las instituciones es muy difícil de sistematizar por la complejidad de factores que intervienen en éstas. A pesar de ello se pudieron develar cuestiones referidas a lo organizativo-funcional y a lo proyectivo.

Las características particulares de los CEPT en cuanto a lo organizativo-funcional son: la Pedagogía de Alternancia, la autonomía institucional, el Consejo de Administración, el perfil del docente, la flexibilidad, la participación de la comunidad, instrumentos pedagógicos, entre otros. Las mismas favorecen la concreción de las propuestas establecidas para el Tercer Ciclo de la EGB, entre ellas la necesidad del trabajo en equipo de los docentes como un medio que enriquece el trabajo en áreas, la posibilidad de debatir y acordar la selección de contenidos, objetivos, actividades, medios, formas de evaluación, que son fundamentales a la hora de desarrollar los procesos de enseñanza y de aprendizaje. Los actores entrevistados dieron a conocer que el trabajo en equipo constituye uno de los pilares de la institución y que es posible llevarlo a cabo porque los docentes que ingresan a la misma tienen una carga horaria mínima de doce horas. Esta herramienta fue utilizada por los actores educativos de las instituciones escolares abordadas antes de la sanción de la Ley Federal de Educación, por lo cual el trabajo en equipo no constituyó un criterio novedoso para los referidos sujetos.

Otro pilar de la institución es la gestión autónoma, denominada por los entrevistados cogestión (comunidad-estado), forma de gestión propuesta por el Ministerio de Cultura y Educación de la Nación a partir de la Reforma Educativa. Sin embargo, las escuelas estudiadas, desde sus comienzos, están enmarcadas en dicho modelo de gestión debido a todas las funciones del Consejo de Administración, al rol que se le otorga a docentes, alumnos, padres y a la comunidad en general.

La estructura del sistema educativo requirió definir dónde funcionaría la EGB 3 y la aparición de un nuevo protagonista, el coordinador de dicho ciclo. En los CEPT funciona octavo y noveno año y los séptimos se localizan en escuelas rurales de personal único, lo cual trajo aparejado la necesidad de articulación para alcanzar la identidad propia del ciclo. Queda puesto de manifiesto por una de las Coordinadoras entrevistadas la dificultad que se presenta para generar la articulación con los séptimos de las escuelas rurales debido a que pertenecen a diferentes partidos y esto complejiza la tarea que le es asignada, no sólo por las distancias, sino también por la gran cantidad de escuelas con las que debe articular.

Sin embargo, es importante destacar el enlace entre octavo y noveno año y el Polimodal. En este capítulo se analizaron diferentes aspectos que marcan dicha articulación: los instrumentos pedagógicos de definición institucional tienen una continuidad entre un nivel y otro, el director es el mismo para ambos niveles educativos, los docentes del CEPT participan en el proceso de enseñanza y de aprendizaje de los alumnos sin marcar diferencia entre un nivel y otro.

En lo que respecta al aspecto proyectivo, se analizó la formación de competencias en las escuelas visitadas. Se conoce que, a partir de la sanción de la Ley 24195, se enfatiza como objetivo del Tercer Ciclo de la EGB la formación de competencias complejas que preparen al sujeto no sólo para desempeñarse en el interior de la escuela, sino también en la sociedad actual. Se busca en los CEPT el desarrollo en los jóvenes de competencias generales y básicas para dar respuesta a las exigencias y demandas del mundo globalizado y dinámico que necesariamente atraviesan las instituciones educativas.

Los protagonistas del CEPT Nº 7 y 9 dieron a conocer que intentan cumplir dichos objetivos, sumando a los Contenidos Básicos Comunes los diferentes instrumentos pedagógicos (plan de búsqueda, proyectos productivos, tesis y pasantías) que constituyen parte de la opción institucional. Todos estos instrumentos son coherentes con la propuesta educativa del CEPT, ya que la finalidad de las escuelas de alternancia es que los alumnos puedan permanecer en el ámbito rural con la posibilidad de completar sus

	CAPÍTULO 3: *Nuevos relatos y análisis de propuestas pedagógicas*

estudios y prepararse tanto para continuar estudios superiores como para perfeccionarse en las actividades específicas de la producción rural. Desde la misma, se considera que la educación cumple un rol fundamental debido a que constituye un instrumento indispensable para favorecer el desarrollo local, regional y nacional. Esto pone de manifiesto que en el interior de los CEPT se enfatiza la articulación entre educación y trabajo.

Para concluir, es interesante destacar que a pesar de la aguda crisis que atraviesa la educación en nuestro país, no todo está perdido. Existen muchos docentes, padres y alumnos que confían en la educación, que ven en ésta un instrumento de cambio y que, por lo tanto, se comprometen a la construcción y a la realización de proyectos innovadores y contextualizados que brindan la oportunidad de que cada sujeto se desarrolle como persona y, a su vez, contribuya al desarrollo de su propia región y del país.

Bibliografía

Aguerrondo, I. (1998). *100 respuestas sobre la transformación educativa*. Buenos Aires: Santillana.

Braslavsky, C, Tiramonti, G y Filmus, D. (1995). *La transformación de la educación en 10 años de democracia* . Tesis. Buenos Aires: Grupo Editorial Norma.

Burgos N. y Peña C. (1997). *El proyecto institucional. Un puente entre la teoría y la práctica*. Buenos Aires: Colihue.

Cantero, G. y Celman, S. (2001). *Gestión escolar en condiciones adversas*. Buenos Aires: Santillana.

Castorina, J A. *et al.* (1996). *Piaget-Vigotsky: contribuciones para replantear el debate*. Buenos Aires: Paidós.

Celman, S. (1998). *Informe final de la investigación "La gestión escolar en condiciones adversas"*. Universidad Nacional de Entre Ríos. Facultad de Ciencias de la Educación. Paraná.

Chevallard, Y. (1998). *La Transposición Didáctica. Del saber sabio al saber enseñado*. Buenos Aires: Aique.

Cols, E. (2001). La enseñanza y los profesores: metáforas, modelos y formas de enseñar. *Revista del IICE,* año 9, nº *17.* Buenos Aires. Facultad de Filosofía y Letras, Miño y Dávila editores.

Donari, G. (1996). *El nombre prohibido.* Buenos Aires: Imprenta La Prensita y Rotamar.

Etcheverry, G. J. (2000). *La tragedia educativa*. Buenos Aires. Fondo de Cultura Económica.

Frigerio, G. y Poggi, M. (1993). *Las instituciones educativas. Cara y Ceca*. Buenos Aires: Troquel.

——— (1995). *De aquí y de allá. Textos sobre la Institución Educativa y su Dirección*. Buenos Aires: Kapelusz.

Feldman. D. (1994). *Curriculum, maestros y especialistas*. Buenos Aires: El Quirquincho.

Garay, L. (1994). *Análisis institucional de la educación y sus organizaciones*. Universidad Nacional de Córdoba, Facultad de Filosofía y Humanidades, Escuela de Ciencias de la Educación, Centro de investigación.

Gimeno Sacristán, J. y Pérez Gómez, A. (1993). *Comprender y transformar la enseñanza*. España: Morata.

Giroux, P. (1990). *Los profesores como intelectuales. Hacia una pedagogía crítica del aprendizaje*. Buenos Aires: Paidós.

Ley Federal de Educación. Nº 24195. (1994). Buenos Aires, Argentina.

Litwin, E. (1997). *Enseñanza e innovaciones en las aulas para el nuevos siglo*. Buenos Aires: El Ateneo.

Ministerio de Cultura y Educación de la Nación (1996). *Alternativas para la Organización Pedagógica del Tercer Ciclo de la Educación General Básic*a. Buenos Aires. Programa de Asistencia Técnica para la Transformación Curricular.

Ministerio de Cultura y Educación de la Nación. (1998). *Curso para Superiores y Directores*.

————— (1998). *Marco de Referencia Borrador de trabajo. Hacia una definición integrada del término competencia.*

————— (1996). *Encuadre institucional para la transformación educativa.*

————— *Zona Educativa.* (1997). Año 2, 15.

Poggi, M. (1995). *Instituciones y Trayectorias escolares. Replantear el sentido común para transformar las prácticas educativa.* Buenos Aires: Santillana.

Prieto Castillo, D. (1999) *La comunicación en la Educación.* Buenos Aires: Ciccus-La Crujía.

Salinas Fernández, D. (1998) Profesores y la Planificación de la enseñanza ¿qué hago el Lunes?" En *Cuaderno de Pedagogía*, 184. Barcelona: Fontalba.

Santos Guerra, M. (1997). *Evaluar es comprender.* España: Colección Respuestas Educativas.

Sirvent, M. T. (1992). *Educación de adultos: investigación y participación. Desafíos y contradicciones.* Buenos Aires: Libros del Quirquincho.

Souto, M. (1993). *Hacia una didáctica de lo grupal.* Buenos Aires: Miño y Dávila editores.

Tiramonti, G. (1996). *El escenario político-educativo de los '90: la nueva fragmentación.* Universidad de Buenos Aires, Facultad de Filosofía y Letras: Mimeo.

CAPITULO 4

EL PAPEL DEL DESARROLLO COMUNITARIO LOCAL EN LA SOCIEDAD DE LA INFORMACIÓN Y EL APORTE DE LAS TECNOLOGÍAS DE LA INFORMACIÓN Y DE LA COMUNICACIÓN

Beatriz Fainholc [1]

Introducción

Esta contribución considera algunas líneas para una propuesta de desarrollo comunitario local tal como la promoción de tránsito a la sociedad del conocimiento con el logro de un desarrollo global autosostenido. Hoy, estas propuestas deben articularse con una concepción de respeto a la diversidad cultural, social, ambiental, etc., reconociendo que la tecnología en general y las tecnologías de la información y la comunicación [TICs.], en especial, están llamadas a desempeñar un rol central.

Es entonces razonable reconocer cómo la variable educativa juega un rol central de variable interviniente en tal planteo. Acceder a la información y su procesamiento/comprensión y aplicación en la acción permite reconstruir sentido en toda una sociedad en cuestión y otorga otra dirección al desarrollo comunitario local.

Esto es así porque la elección de enfoques, estrategias y metodologías – que hoy incluyen las tecnologías duras y blandas– no transmiten información lineal sino que provocan recursividad para compartir y recrear saber en la contribución de la satisfacción de las necesidades integradas de personas y grupos en escenarios comunitarios diversos.

---

1   Doctora en Educación. Actualmente, Directora General del Centro de Diseño, Producción y Evaluación de Recursos Multimediales para el Aprendizaje (CEDIPROE).

¿Qué tecnología
para qué sociedad del conocimiento?

Refiere a la tecnología y, específicamente, hoy, a las TICs. ubicuas y penetrantes, es como diría Herrera (1996) considerar sólo una parte de una problemática mucho más amplia, en veloz e impredecible cambio no sin conflictos asociados y que involucra al mundo entero.

Winner (1977), en *Autonomous Technology*, sostiene que la tecnología como manifestación significativa del mundo cultural se presenta en estructuras, procesos y productos; Simon (1969) agrega que constituye la disciplina que se ocupa de los objetos artificiales, los que modifican y/o alteran la conciencia humana, a lo que se agrega la sociedad, la economía, la cultura, la política, y por ende la educación.

Sin embargo, el tema de la tecnología no es nuevo. Durante la evolución histórico-social se evidencia la existencia constante de tecnologías, creadas y modificadas con el propósito de solucionar problemas de la vida social. A ello se suma que pueblos y culturas han intercambiado sus productos de tecnología como también sus reflexiones acerca del *know-how* que implicaban dicha elaboración de procesos y lo han hecho algunas veces más pacíficamente que otras; en oportunidades se transfería indiscriminada y atropelladamente procesos y productos, y esto ocurrió desde el paleolítico.

Se podría decir que hoy la transferencia de tecnociencia o saber científico-tecnológico (ya que ambos saberes cabalgan juntos) desde los países centrales es más sutil, penetrante y unidireccional a escala mundial, lo que imprime flujos de mayor interdependencia interregional (de información, de bienes, servicios, productos, artefactos, etc.), no vistos con tanta magnitud en la historia de los tiempos, y que dan un nuevo perfil al fenómeno de la mundialización, vigente desde los viajes de Marco Polo o antes.

Esta transferencia de procesos y productos tecnológicos –que es cultural– y se expande por toda la sociedad de modo hegemónico, con un cariz de ser natural y/o inevitable, como incuestionable indicador de progreso científico-tecnológico, no siempre es pertinente a la sociedad local (y periférica) que la recibe.

Se debiera recordar que las innovaciones tecnológicas como la solución de los diversos problemas se lograrían de modo mejor y sin destruir gran parte de la rica herencia cultural (y ecológica ambiental) de los pueblos receptores/periféricos con tecnología que no sobrevuele las características locales, los valores culturales, los estilos de vida, anclándose en las representaciones sociales que poseen los grupos locales. La globalización humaniza desde lo local.

A pesar de ser bastante incierto e impredecible el futuro, los recientes avances tecnológicos se muestran en una rápida evolución con varias tendencias unidireccionales, o sea que añaden más y nueva tecnología –incluyendo las TICs.– que si poco se afincan en la sociedad industrial, local, se puede imaginar qué ocurre en las zonas rurales del sur del mundo y de América. Se necesita remover o desaprender antiguas habilidades o darles otro sentido a la luz de las demandas de los nuevos tiempos que requieren finas competencias asentadas en esquemas socio-cognitivos de análisis e interpretación con actitudes y valores que sustenten mentalidades resolutivas y anticipadoras.

Todo esto es, tal vez, la única vía para empoderar personas y grupos para la reflexión y la acción amalgamadas.

La nueva racionalidad que implica la sociedad de la información en la cual deberá inscribirse el desarrollo comunitario local debe ser entendida hoy incorporando los siguientes rasgos:

1- reticularidad o concebir vidas y trabajos en redes distributivas no sólo sociales, sino electrónicas, que faciliten compartir y recrear la información;
2- virtualización que desafíe la inventiva e imaginación con habilidades estratégicas o inteligentes articuladas dentro de una visión culturalista "local";
3- presumisión o productora/consumidora (Drucker, 1993), promotora de la autonomía y la auto-organización;
4- apropiación cultural para que no se exprese separada de la emoción, la sensibilidad, la intuición y los contextos socio-políticos y económicos cercanos, ya que la sociocognición es situada.

Esto es central a la hora de definir, dentro del paradigma de la complejidad, la incertidumbre y los fractales (Mandelbrot, 1987), qué sociedad del conocimiento es pertinente alcanzar desde la óptica del desarrollo local, contextualizado y compartido.

Sin embargo, las interpretaciones reinantes continúan la concepción económico-mecanicista profundamente enraizada desde el siglo XVIII en Occidente, donde la predicción y control del comportamiento fueron sus rasgos y han reducido/manipulado a la persona a mero reproductor y alienado consumidor dentro de una estructura de poder hegemónico hoy en la globalización y la sociedad de la información de la mano de las TICs.

Pero la evolución histórico cultural y sus cambios tecnológicos arribaron a la sofisticación impensada en dichas TICs., entre cuyas características generales sobresalen algunos rasgos e impactos que atraviesan todas las dimensiones de la vida humana:

- Inmaterialización. Digitalización y virtualidad total.

- Interconexión en redes.

- Interactividad y protagonismo del usuario.

- Instantaneidad y velocidad enorme.

- Elevados parámetros de calidad de variados rubros técnicos: imagen, audio, etc.

- Gran influencia innovadora sobre los procesos cuanto sobre los productos tecnológicos.

- Penetración en todos los sectores socio-culturales, económicos-políticos, educativos, industriales, etc.

- Creación de nuevos lenguajes expresivos con convergencia-Ruptura de la linealidad expresiva por la hipertextualidad e intertextualidad.

- Potenciación, audiencia y consumo por nichos de segmentación y diferenciación. Diversidad.

- Tendencia hacia la automatización y disciplinamiento.

- Enorme capacidad de almacenamiento y distribución a tiempo real y a escala global.

Como se percibe, se trata de rasgos muy potentes que deben considerarse para un tratamiento y articulación comunitaria de anclaje local.

Apropiación local o un modelo alternativo de sociedad del conocimiento

Se comprueba que un modelo general de sociedad del conocimiento, desde fines del siglo XX, es fuertemente criticado desde la nueva Sociología del Conocimiento y los Estudios Culturales. Se requieren progresivas resemantizaciones locales, convalidadas en contextos socio culturales específicos a partir de la práctica social concreta. De este modo, se generaron alternativas de sociedades y economías del conocimiento que emergen desde otras visiones: no hegemónicas o de transferencia sutil, aunque indiscriminadas en cuanto a sus estilos y tecnologías.

Ello significa que la globalización desterritorializada (Castells, 1998) ha necesitado revisar espacios de flujos característicos de nuestra modernidad y ha contemplado la configuración de identidades diversas a partir de la experiencia cotidiana de las culturas locales. Si bien éstas fueron y siguen siendo arrasadas y convertidas en híbridos culturales, necesitan conseguir lo significativo y erradicar consumismos superfluos y alienantes.

Atender las necesidades y el perfil social específico de una sociedad es un gran reto para convertir el "movimiento informacional" provocado por las TICs. en alguna clase de desarrollo autosustentable y autosostenido, en constante adaptación procesual, a través de redes locales socio-electrónicas, que a pesar del impredecible devenir del mundo y sus organizaciones complejas de hoy no pueden marcar direcciones precisas.

Las redes establecen procesos de negociación abierta de significados como la propuesta de mecanismos para comunicarse y aprender a colaborar y desarrollarse a través del esfuerzo grupal compartido. Algunas de las características de las redes locales a tener en cuenta para articular en el desarrollo comunitario son:

- uso compartido, distribuido y transparente;
- combinación de artefactos simples y complejos y de programas de aplicaciones;
- radio de acción ilimitada;
- alta velocidad y flexibilidad de transmisión;
- propiedad grupal;
- respaldo y almacenamiento de información;
- apoyo de varias aplicaciones socioeconómicas y culturales.

Existen, sin embargo, ciertas condiciones (Di Castri, 1998) conducentes hacia una mayor sustentabilidad y viabilidad del cambio local si se pretende un desarrollo holístico en el cual el área educacional, además de constituirse en variable dependiente, se tornará en interviniente y central de esta perspectiva.

Se trata de: 1) empoderamiento local, posibilitado por la conectividad entre diversos componentes del sistema y el respeto por la diversificación económica, cultural y ambiental. En tal sentido, este nuevo desarrollo general y local comunitario, para nuestro caso, posee como pilares:

1. Cuidado de la dignidad humana y su especificidad cultural rechazando la segregación en la condición humana.

2. Fortalecimiento de las comunidades locales accediendo y potenciando, en línea y a la demanda (o *just in time*), la información puesta en los lenguajes locales, múltiples de formatos y en flujos bi-direccionales y horizontales para conectar e integrar comunidades marginales y/o rurales.

3. Mantenimiento del patrimonio natural y cultural centrado en la gente.

4. Estímulo de las iniciativas individuales y organizacionales con responsable rendición de cuentas (*accountability*).

5. Aprendizaje continuo a lo largo de la vida (*life long training*) a través del aprendizaje electrónico, virtual, a distancia, etc., previa alfabetización tecnológica.

6. Desarrollo realizado a partir de lo cultural para fortalecer sus procesos de viabilidad y competitividad apoyándose en la descentralización y auto administración.

7. Gobernabilidad/gobernanza local y global.

De acuerdo con lo enunciado, la educación del siglo XXI con sus propuestas formativas se apoya en la construcción de una "sociedad del conocimiento apropiado" lo que significa tender y proponer hacia:

1. Aprendizaje a lo largo de la vida con equidad social, que implica (Aspin, Chapman, Hatton y Sawano, 2001): potenciar el desarrollo humano a través de procesos continuos de estimulación y enseñanza/entrenamiento de personas y grupos para adquirir la totalidad del saber, valores, habilidades y destrezas necesarias para la vida y cómo aplicarlas con autoconfianza, creatividad y alegría en cada situación, posición y rol social.

2. Educación flexible distribuida por TICs. a fin de articularlas e inscribirlas dentro de un sistémico y flexible proyecto organizacional con propuestas educacionales distribuidas por redes que fortifican la autonomía y el protagonismo de los participantes tales como líderes, administradores, profesores y estudiantes y la gente en general en programas informales (bibliotecas, museos, cooperativas, organizaciones, etc.).

3. Planeamiento pedagógico, intencional, práctico y aplicativo de actividades a ser distribuidas a través de diversas fuentes no convencionales de información, reales y simuladas, direccionadas a la significativa reconstrucción de significados por la interactividad sincrónica y asincrónica de las TICs.

Desafíos

		CAPÍTULO 4: *El papel del desarrollo comunitario en la sociedad de la información*

Los sistemas sociopolíticos culturales ancestrales y aún dominantes no han podido – históricamente– ejercer la crítica y revisión de esquemas, valores y principios culturales y anacrónicos vigentes en forma profunda y continua estable. Ello trajo como reacción la aparición, no hace mucho tiempo, del concepto de la tecnología apropiada, surgido en los países periféricos y centrales (Inglaterra en la década del 70/80 del siglo XX) que deben generar tecnologías adecuadas a sus propios perfiles, cultura; esto, en realidad, comienza con Gandhi en 1909.

La necesaria contextualización del concepto de tecnología apropiada, ubicada en el marco de un esquema de desarrollo local y participativo, solidario y de rostro humano, tira abajo referirse a tecnologías apropiadas en sentido abstracto. La propuesta de desarrollo local como marco de referencia con tecnologías apropiadas, a su vez, debe apropiar marcos y herramientas de toda clase, y hoy, las tecnologías de la información y la comunicación –las TICs.– que caracterizan a la actual sociedad de la información.

En consecuencia, dicha propuesta se centra en:

a) las persona y el logro equitativo de su calidad de vida no puede ser un subproducto reducido del crecimiento económico indiscriminado, sino la consecuencia de proyectos socioculturales y político-económicos cooperativos situados y específicos;

b) las necesidades básicas como el conjunto esencial que satisfagan aquello que toda persona requiere para incorporarse y contribuir con su capacidad creativa y en forma efectiva a su sociedad y cultura. De este modo, tiene sentido hablar de emancipación, libertad, participación y realización personal. El mecanismo operativo de esta nueva concepción del desarrollo es la autodeterminación o *self reliance*, que apunta a la capacidad de tomar decisiones en términos de las propias necesidades y aspiraciones colectivas;

c) es muy importante esclarecer –para analizar la génesis y desarrollo de este modelo en el cual la educación es una variable dependiente– que el acceso a la información y su procesamiento crítico permite a la gente gestionar y reconstruir los significados sociales. Habida cuenta que los flujos informacionales son enormes, veloces y no cesan, estos mecanismos a enseñar y aprender –y que no dependen de artefactos tecnológicos solamente– son centrales;

d) Ello significa que cada sociedad histórica se caracteriza por seleccionar e implementar estrategias metodológicas de elección para elaborar, transmitir, compartir y recrear conocimiento que contribuya a la integración social, a su funcionamiento e innovación.

Aportes metodológicos

Dentro de este marco de referencia que propone el empoderamiento local a través de la apropiación/adecuación de tecnologías –desde las más simples y tradicionales hasta las más electronificadas– deberían incorporarse los sistemas científicos de investigación y desarrollo (I + D), en especial para las áreas rurales. A la luz de lo enunciado, toda intervención, desde la óptica de la apropiación, debería conducir a la articulación de la producción/productividad con la investigación y el desarrollo revisado a partir de la tecnociencia actual. Como ilustración se piensa que en sus etapas o fases de proyectos se debería partir del espacio tecnológico local existente como el conjunto de condiciones y restricciones para que una tecnología pueda satisfacer y responder a una necesidad. Por ello:

1- Se aconseja efectuar un estudio de las condiciones socioeconómicas del área de trabajo para reconocer que todo problema tecnológico está inmerso en una situación sociopolítica, cultural típica para olvidar que todo problema es tecnológico (o que se puede resolver añadiendo tecnología) cuando el problema de fondo no está en lo tecnológico, sino en algún elemento social, económico o político, etc. Es decir, se trata de determinar la situación problemática, en la que la tecnología es simplemente una parte.

2- Definido el problema, la próxima etapa es determinar qué funciones debe cumplir la/s tecnología/s seleccionada/s para resolverlo, haciéndose tal vez interrogantes elementales, como –si se trata de la vivienda como ejemplo–preguntarse ¿para qué debería servir?, que aunque muy obvia llama a reflexionar si es para la protección de lluvias, del frío, para ciertas condiciones sanitarias, entre otras. La vivienda es un tema muy complejo porque abarca lo cultural, psicosocial, lo estético, etc. Algunos planes de viviendas han fracasado o no han querido ser habitadas porque no son perfectamente racionales y/o eficientes, no satisfacen las necesidades de los usuarios o éstos no se identifican con ellas.

3- El próximo paso es analizar las soluciones locales basadas en principios históricos, experienciales, prácticos, resolución de sus problemas, entre varios. Interesa así el saber local con las ideas contenidas usando algunas tecnologías para un producto final eficiente. Añadir conocimiento científico al saber tradicional en forma adecuada significa, por ejemplo, tal vez preservar el secado al sol de la carne, añadiendo estudios bacteriológicos, nutricionales, etc. para, como centralidad, preservar la utilización de la energía solar.

4- Luego habrá que estudiar los recursos naturales de la región para que mediante estos procesos se llegue a definir el espacio tecnológico como el conjunto de restricciones y condiciones que debe llenar una tecnología. La ventaja de esta propuesta es que toda tecnología debería entrar o articularse en dicho espacio tecnológico para ser apropiada y coherente al responder al mismo marco de referencia.

5- En cuanto a las soluciones tecnológicas dentro de este marco, pueden presentarse las siguientes alternativas:
   a. que la tecnología ya exista;
   b. que exista pero deba ser modificada;
   c. que la solución pueda salir de la combinación de elementos tecnológicos ya existentes;
   d. que haya que crearla.

Lo que importa aquí es que en la generación de tecnologías lo endógeno del proceso remite al insoslayable estudio y a la toma de decisiones locales. Sin embargo, las tecnologías no tienen por qué ser necesariamente endógenas, pueden ser importadas si son adecuadas. O dicho de otra manera, el proceso de transferencia tecnológico se convierte en parte del proceso de generación de tecnologías para su apropiación local.

Las TICs., las redes en la sociedad local

Podemos explicarlas por medio de la metáfora de actuación de Comunidades de Redes Virtuales (Wellman y Gulia, 1999), cuyos rasgos se configuran en un agregado social emergente de la red con personas que intercambian y discuten problemas a solucionar según objetivos e intereses comunes, comprometidos con sentimientos para confrontar relaciones interpersonales –ahora posibilitadas por las TICs. (correo electrónico, listas de distribución, foros, chats, videotransmisiones por computadoras, etc.)–

provechosas en el ciberespacio. Por lo tanto, no poseen naturaleza territorial y pueden extenderse en relaciones más allá de las fronteras geográficas, siempre y cuando existan necesidades especializadas y globalizadas. Focalizan actividades hacia una administración cohesiva apoyándose en las personas y grupos, ahora desde los "lugares virtuales y/o electrónicos".

En la actualidad, la irrupción y desarrollo de las TICs., al confrontar y/o provocar una serie de cambios estructurales en el nivel económico, laboral, social, educativo, político, coadyuvan a este tipo de relaciones. Así, está emergiendo una nueva forma de entender la cultura, que tiene, en esta globalización, a la información como elemento clave, aglutinador, estructurador, y a veces, por su imposición vertical, como un disciplinador social.

En consecuencia, existen grandes impactos que se constituyen en riesgos a tener en cuenta en el tipo actual de sociedad de la información:

- Fragmentación de identidades y surgimiento de nuevas subjetividades.
- Normatización social y disciplinamiento cultural (Fainholc, 2004).
- Otros.

Relacionado con las concepciones y mecanismos hegemónicos de producción, tratamiento y distribución de la información, se exige, desde un punto de vista técnico, información tecnológica necesaria para su utilización en todos los ámbitos de la vida económico-social.

Sin embargo, en estos contextos, no se considera que la información tenga carácter de ser poseída o asimilada por un sujeto. El cambio, en el concepto de la información con las TICs., se sostiene que se ha independizado de los sujetos. Las personas son despojadas de esta posesión como si fuesen las fuentes de la información. Se podría considerar que no es la información para los sujetos y gracias a ellos, sino que los sujetos son para la información, vale decir que los sujetos son los portadores de la misma. La información es un bien de consumo y las TICs. condicionan este proceso, fundamentalmente económico en todas sus etapas, porque la información es controlada por las condiciones del mercado que determina, a su vez, qué o quiénes controlan su creación, su disposición, su distribución, uso, entre tanto.

La sociedad de la información no es la del saber o conocimiento en donde confluyen otras muchas variables que apuntan a discriminar y pensar en general, lo que superaría simplemente almacenar, tratar y distribuir datos.

Se trata de procesos de distinto tipo o rango, con resultados diferentes, que determinan el saber y cómo actuar sobre algo en una situación dada. Se trata de proponer, desarrollar, acompañar y consolidar procesos de pensamiento superiores alternativos, creativos e innovadores, porque la información no es en sí conocimiento.

El acceso no garantiza en absoluto desarrollar procesos originales de pensamiento, a pesar de que el conocimiento se basa en su primer peldaño en la información, ésta por sí sola no genera conocimiento. Para que la información se convierta en conocimiento es necesario la puesta en marcha, desarrollo y mantenimiento de una serie de estrategias.

1- En primer lugar, se tendrá que discriminar aquella información relevante al interés en cuestión. Habrá que seleccionarla, analizarla desde una postura reflexiva, profundizarla en cada uno de los elementos, deconstruyendo el mensaje, para co-construirlo desde la propia realidad, sus actores y escenarios. Así, se desmontan y comprenden variables, objetivos, elementos, axiomas, etc. del mensaje.

2- En el proceso de co-construcción se realiza el procedimiento inverso. A partir de variables, axiomas, elementos, etc., se compone el mensaje, desde una realidad personal, social, histórica, cultural e incluso vital. Es decir, desde la perspectiva global del conocimiento y de la persona. Solamente y no perdiendo esta perspectiva se podrá afrontar y enfrentar la evolución y el progreso de las TICs. para que sean útiles –dentro de un uso inteligente (Fainholc, 2004)– y promuevan la creación de una sociedad más justa en la cual lo tecnológico y lo humano, al integrar los distintos puntos de mira, articulan las perspectivas de las distintas culturas.

Debido a lo enunciado y mucho más, es necesario desarrollar en personas y grupos las competencias:

- Necesarias para comunicarse, interpretar y producir mensajes utilizando distintos lenguajes y medios.
- Para conseguir autonomía personal y pensamiento crítico que le capaciten para desarrollar una adecuada toma de decisiones que haga posible construir una sociedad justa e intercultural preparada para convivir con las innovaciones tecnológicas que vayan apareciendo.
- Para obtener *self-reliance* articulada a una alfabetización tecnológica que exigen los momentos actuales. La apropiación cultural de las TICs. la establecerá cada comunidad en cuestión según sus necesidades.
- Para diseñar, alimentar, evaluar redes de comunicación interactivas, virtuales y productivas.

Esta socialización crítica con las TICs. se inscribirá en un cuadro de equidad entre géneros –varones y mujeres– o entre jóvenes de grupos étnicos o socioculturales rurales, periféricos, etc., la que debería ser fomentada en todas las organizaciones sociales –y con mayor énfasis en la escuela– como una práctica cotidiana de aprendizaje para la sociedad multicultural, de respeto y "convivencia en la diferencia".

Las formas de interrelación mediada por tecnología entre las personas, usuarios, estudiantes no es irrelevante en la formación de hábitos y de pautas comunicativas para desenvolverse en una sociedad local, pero de comunicación global y multicultural, que implica la aplicación del ejercicio ciudadano por la creciente circulación de la información.

Además, educar en el reconocimiento del otro y en el ejercicio de la solidaridad son condiciones para ampliar, enriquecer y fortificar la propia identidad dentro del desarrollo comunitario local en el cual las TICs. deberán poseer preponderancia.

¿Entonces qué hacer en las zonas rurales?

Educar conforme a los procesos y contextos culturales locales convoca a algunas de las premisas de la pedagogía crítica que Paulo Freire planteó durante los años sesenta y setenta del siglo XX, en el sentido de acercar la educación a las realidades socioculturales de las personas en una perspectiva transformadora de la realidad a la que sirven.

En algunas (Bonilla, 2001, p. 10) investigaciones de casos sobre aplicaciones de Internet en escuelas de bajos recursos en América Latina se plantea que, en escuelas rurales de la Argentina, "el peso del éxito se dio en tanto y en cuanto las comunidades locales (...) bajo principios que permiten un intercambio horizontal y equitativo del conocimiento" desarrollaron la capacidad de incorporar Internet a las necesidades y ámbitos locales.

La idea es utilizar los medios de comunicación social –MCS– y las TICs. en prácticas educativas como medios de expresión y de cuestionamiento, vale decir, como una práctica pedagógica que sea, a la vez, un ejercicio preparatorio de la participación ciudadana y de la productividad comunitaria. Resulta valioso proponer, para el desarrollo comunitario local, la formación de Animadores Socioculturales con funciones tutoriales telemáticas.

Lo enunciado significa que si bien las TIC acercan regiones y zonas reduciendo brechas y distancias, al plantear "una aldea global", gran parte de la población mundial aún queda al margen de esta evolución, por lo cual es conocida la existencia de las desigualdades entre regiones y países, incluso en el interior de muchos.

La opción de alternativas de incorporar las TIC en bibliotecas, cooperativas, centros comunitarios, de salud, centros colectivos multipropósitos y/o telecentros y diagramar redes para crear, transmitir, distribuir y compartir información, favorecer la comunicación y su administración fortalece la expresión en la solución de problemas y necesidades.

Sin desechar el rol de las escuelas, que se mueven con otra lógica y demoran en equipararse y sus profesores en formarse, se realza el rol de toda la comunidad, que debe comprometerse de variados modos para la integración y desarrollo sostenido.

Como ilustración se presenta la propuesta del programa de Desarrollo Comunitario Local (CEDIPROE, desde 1998) donde la capacitación del Tutor/a en la interacción telemática resulta central.

Objetivos del Programa

Son objetivos del programa "descubrir y utilizar" las fuerzas locales como la interacción global de las TICs. para fortificar las Potencialidades de los recursos inherentes a su localidad, de tal forma que les represente la posibilidad de mejorar su "producción e ingresos" pudiendo elevar así las condiciones laborales y de vida que hasta el momento llevan.

Dentro de este contexto mayor, los tutores/as generan espacios de intercambio de experiencias y acompañan a los usuarios en puntos muy diversos de acceso e interacción con Internet. Pueden poseer, entre otras, tareas de:

- Generar una comunicación entre personas y organizaciones para la promoción del uso inteligente de Internet con fines sociales, productivos y culturales.
- Capacitarse en la atención a usuarios en telecentros, no sólo en uso de herramientas informáticas, sino también en herramientas de trabajo comunitario (formulación, ejecución y evaluación de proyectos) para la promoción del desarrollo comunitario local.

- Administrar los puntos de acceso a las TICs., por ejemplo, en telecentros, para que sean autosostenibles desde el punto de vista económico financiero, sobre todo en zonas rurales, periféricas, marginadas, etc.
- Procurar contenidos de identidad y autoconfianza, desarrollo de habilidades para la producción y servicios adecuados para satisfacer necesidades locales, etc., como también generar estrategias claras de uso de Internet con fines de desarrollo local.
- Evaluación previa, durante, final, de transferencia y del impacto de las TIC en la sociedad local.
- Sensibilización en la comunidad para apropiarse adecuadamente y gerenciar las Tic en la actividad productiva, social y de beneficio comunitario.
- Las acciones tutoriales deben concebirse en contextos holistas autosostenibles que ayuden a la comunicación en general, que beneficien en variadas áreas, como turismo, ecología, micro empresas, etc.
- Impulsen, sistematicen y evalúen experiencias locales de trabajos colaborativos con TICs. que demuestren haber alcanzado el acceso igualitario a la información, como asimismo, fortificar el uso de la conectividad de los Telecentros y otros puntos en red.

Para finalizar

Se ha pretendido brindar algunas líneas respecto de los nuevos escenarios de las TICs. y de la tecnología en general en la sociedad de la información y del conocimiento para su articulación en el desarrollo comunitario local. Ello obliga a una resemantización del aporte de la nueva tecnología a la organización social que apela a las redes de última y múltiple generación, como soporte del respectivo procesamiento y distribución de información al instante. El mismo necesita y merece ser apropiado para incentivar las típicas y principales fuentes de productividad –con la investigación y el desarrollo– y, fundamentalmente, con el poder local, para que el quehacer cotidiano tendiente a la formación de personas sea del modo más equitativo y extendido posible.

Bibliografía

Aspin, D., Chapman, J., Hatton, M., y Sawano, Y. (eds.) (2001). *Intenational Handbook of lifelong learning*. Netherlans: Kluwer Academic Publishers.

Bonilla, M. (2001). *Investigación del impacto socio-cultural del Internet en América Latina y el Caribe en miras al diseño de políticas públicas de la comunicación y cultura equitativas*, ponencia presentada al Seminario 'América Latina hacia la era digital', CEPAL, Santiago, 28 a 30 de noviembre de 2001.

Carr, W. (1993). *Calidad de la Enseñanza e Investigación-Acción*. Sevilla: Diada.

Castells, M. (1998) *La era de la información, Economía, sociedad y cultura*. Madrid, Editorial Alianza.

Dabas, E. (1993). *Red de redes*. Buenos Aires: Paidós.

Dede, Ch. (2000). *Aprendiendo con tecnología*. Buenos Aires: Paidós.

De kerckhove, D. (1999). *Inteligencias en conexión*. Barcelona: Gedisa.

Di Castri, F. (1998): El desarrollo en la sociedad de la información. En internet: http://www.gobernabilidad.cl/modules.php?name New&file article&sid 597

Drucker, P. (1993). *La sociedad poscapitalista*. Barcelona: Apóstrofe.

Fainholc, B. (2003). *El concepto de mediación en la Tecnología Educativa Apropiada*. http// www.cediproe.org.ar

——— (2004). *Problemas y alternativas educativas de las construcción de la identidad en tiempos digitales globales*. Presentada en Conferencia Internacional de Sociología de la Educación. Buenos Aires, UBA.

——— (2004). *La lectura crítica en Internet*. Rosario: Homo Sapiens.

Fernández Hermana, L. (1998). *En red ando*. Barcelona: Grupo Zeta.

Fourez, G. (1994). *Alfabetización científica y tecnológica*. Buenos Aires: Colihue

Fuentes Navarro, R. (2000). *Educación y Telemática*. Buenos Aires: Norma.

García, R., Traver, J. y Candela, I. (2001). *Aprendizaje Cooperativo*. Madrid: CCS-ICCE.

Gutiérrez Martín (2003). *Alfabetización digital: algo más que ratones y teclas*. Barcelona: Gedisa

Herrera, A. (1996). *Desarrollo, Tecnología y Medio Ambiente*. Publicación Buenos Aires, CEDIPROE.

Mandelbrot, B. (1987). *Los objetos fractales*. Barcelona: Tusquets.

Simon, H. (1996). *La ciencia de lo artificial*. México: Fondo de Cultura Económica.

Wellman, B. (ed.) (1999). *Networks in The global village*. Bouder, Co: Westview press.

Winner, L. (1977). *Autonomous Technology: Technics-out-of-Control as a Theme in Political Thought*. Cambridge (Mass.):MIT Press.

EPÍLOGO

ALGUNAS REFLEXIONES FINALES SOBRE LAS PERSPECTIVAS DEL TERCER CICLO DE LA EDUCACIÓN GENERAL BÁSICA RURALIZADA

Silvia Libia Castillo

Quienes intentan entender las condiciones y desafíos que actualmente enfrentan los países en materia de formación y desarrollo de recursos humanos conciben el nuevo contexto social y económico como algo que rompe con el pasado.

Sólo las propuestas que articulan educación y formación con trabajo y tecnología, en un ambiente apropiado, pueden armar el mecanismo mediante el cual se adquieran valores, hábitos y comportamientos inherentes a las competencias que las circunstancias históricas actuales requieren a trabajadores, técnicos y profesionales. (FAO. Vol. 2, Cap. 1, p. 10)

Puede acompañar esta cita la definición de regionalización educativa que Fernández Lamarra (1983) presenta en el documento "Las posibilidades y perspectivas de la regionalización educativa en América Latina", de Silvia Senen González. En el mismo considera los espacios geográficos de acuerdo con indicadores demográficos, geográficos, de infraestructura básica y en función de determinadas características socioeconómicas y educativas comunes, con la finalidad de brindar un servicio educativo que satisfaga eficientemente los requerimientos de escolarización de las poblaciones, como asimismo, atienda las necesidades, intereses y aspiraciones de las comunidades que integran las diferentes regiones.

A su vez, ambas expresiones citadas están en consonancia con la Ley Federal de Educación, la cual considera que a partir del diseño curricular de su jurisdicción cada escuela formulará su propio proyecto pedagógico, lo cual le permitirá incorporar las particularidades locales y la riqueza cultural de su comunidad, a la vez de responder mejor a las necesidades de poblaciones escolares diversas.

Al respecto, es posible decir, entonces, que la educación ruralizada se presenta como una propuesta articuladora de educación y trabajo para ser pensada sobre la base de necesidades, intereses y aspiraciones de las comunidades que conforman las diferentes regiones. Variadas experiencias educativas de educación ruralizada existen en la Argentina. Efectivamente, el Ministerio de Educación de la Nación indica "hay 13.127 escuelas rurales en todo el país, con unos 900 mil alumnos" (Diario Clarín, Sociedad/Educación, 1 de febrero de 2004). De ese total forman parte las escuelas estudiadas de la Provincia de Buenos Aires y de La Pampa.

Las "experiencias educativas" de las Escuelas Rurales de EGB 3 que se han analizado exigen una reflexión acerca de su desarrollo para advertir sobre sus posibilidades y riesgos. Si miramos la problemática socio económica en América Latina en las últimas décadas del siglo XX observamos fenómenos tales como la elaboración de lineamientos curriculares desde una perspectiva globalizante, procesos desequilibrados de distribución presupuestaria, el despoblamiento de áreas rurales, marginales, el decrecimiento de tasas de empleo, entre tanto. El sesgo que se advierte en las políticas educativas nacionales es de carácter globalizador y, por lo tanto, introduce elementos de fragmentación y desintegración en la sociedad.

Sin embargo, aparecen como disonantes con dichos enunciados las propuestas descriptas en el Proyecto 7, del Plan Social Educativo, como asimismo los rasgos de las experiencias escolares de EGB 3 Ruralizadas indagadas, las cuales se muestran como organizaciones regionalizadas que se mueven en un marco de respeto e integración con la comunidad de su región y de la nación. Buscan la formación para el desarrollo productivo regional y subyace en ellas el valor de la educación como instrumento de integración y cohesión nacional, dejando traslucir la ineludible relación entre el sistema educativo y el productivo; la importancia de la educación para un desarrollo sostenido.

Se han podido observar "proyectos contextualizados de enseñanza" en las instituciones estudiadas permitiendo construir modalidades particulares y autónomas de aprendizaje, como asimismo, atentas al desarrollo de todas las categorías de aprendizaje, opuestas a prácticas fragmentarias del viejo esquema trabajo manual *versus* trabajo intelectual. Dichos proyectos adquieren significatividad social en la práctica. Se corren de un pragmatismo utilitarista para buscar el desarrollo de competencias asociadas a procesos cognitivos complejos, las cuales implican el dominio de contenidos procedimentales

tales como buscar, registrar, analizar, organizar y evaluar críticamente la información y sus posibilidades de transferencia. Se extienden a valores de integración y respeto por lo propio de su región, recuperando la historia que la comunidad tiene como valiosa y representativa de su identidad, con una clara adaptación al hoy al considerar las habilidades comunicativas, tecnológicas y organizativas. En síntesis, los proyectos de estas escuelas buscan el desarrollo de saberes intelectivos, valorativos y sociales para manifestarse en una dimensión práctica, de puesta en acto, en ámbitos de referencia próximos regionales y/o en contextos más amplios nacionales.

Acerca del "rol del docente tutor rural", como lo considera Beatriz Fainholc (1983), es de suponer la grandiosa responsabilidad que posee el educador en tales zonas y las enormes dificultades en su tarea cotidiana. Cabe al docente rural el concepto de alfabetización funcional de la UNESCO: "la alfabetización funcional se refiere a la habilidad de usar la lectura, la escritura y el cálculo así como los conocimientos básicos, en forma tal que capaciten a la gente para conducir con mayor eficiencia sus asuntos y promuevan la capacidad de producir y las destrezas ocupacionales" (Griffiths, 1977).

En palabras de Fainholc (1983, p. 126),

> ...la educación docente pasaría en las áreas rurales por el animador-maestro-trabajador agrícola. En ese *continuum* aparece una gama más amplia de roles que deberá asumir todo docente, para lo que requerirá capacitación en materia de organización, métodos de producción, procesamiento y comercialización de productos, etc. que abarcará también a los propietarios, administradores o trabajadores de tales áreas, por lo que la idea de interaprendizaje comunitario tiene nuevamente intervención.

Por lo tanto, ha de ser el docente de escuela rural, maestro o profesor, el innovador, el animador o guía, el que impulse y apoye la participación libre y crítica, el diálogo conjunto, la toma de conciencia de la realidad y la voluntad para actuar sobre ella, el colaborador de la comunidad. Será el que, con relación a sus alumnos, les ha de hacer tomar conciencia del contexto y de la responsabilidad que poseen por ser parte de esa comunidad rural de contribuir con él y de modificarlo en función del desarrollo económico, político y social de su región y de su país. Son estos elementos centrales para lograr competencias en el campo de la educación rural.

Y cada vez los desafíos son mayores. Tal es el caso de la propuesta que Beatriz Fainholc hace en el capítulo 4 de este libro, donde sostiene la importancia de incorporar el uso de los nuevos medios de comunicación social –MCS y

TIC– en la educación rural, en que intervendrían nuevos actores educativos tales como los animadores socioculturales con funciones tutoriales telemáticas. Esto redundaría en beneficio de las personas en forma equitativa y favorecería la comunicación para el desarrollo comunitario local.

Al respecto, ninguna orientación específica existe en la formación profesional del maestro ni del profesor en sus estudios superiores universitarios y no universitarios. No obstante, el trabajo empírico realizado expresa, en estos casos, que le es posible al docente deconstruir la única formación de "docente urbano/a" recibida en su trayectoria formativa como maestros, para consustanciarse con la identidad de docente rural, asumiendo la diversidad contrapuesta a modelos de educación homogeneizadora.

Los maestros actualmente replantean "los contenidos curriculares" regionalizándolos y adaptándolos a las circunstancias sociales y culturales propias del espacio escolar, incorporándoles a los proyectos institucionales las cuestiones propias del lugar, como asimismo, partiendo de los saberes del otro, la tolerancia y el respeto por lo que los chicos traen de su comunidad regional (estilos de vida, pertenencias, trayectorias y problemáticas). Y todo esto es muy meritorio ya que, en palabras de Díaz (2001, p. 80), "ser maestro rural no es una especialización, es una casualidad".

En resumen, se ha analizado que es posible "la construcción de una pedagogía de la ruralidad" generadora de amplios procesos sociales, la cual promueve el rescate y la recuperación de las características regionales enfocadas al desarrollo productivo a partir de las condiciones particulares de vida en el campo. Puede observarse que se establece "un compromiso con el trabajo y la comunidad que los maestros reconocen como marca indeleble de la ruralidad" (Díaz, 2001, p. 85).

Para finalizar, vale la pena decir que se aspira a que las distintas comunidades educativas rurales no desistan en asumir el desafío de ser autogestoras de proyectos regionales buscando calidad y eficiencia en función de intereses educativos. Además, se justifica y es fundamental que el Estado invierta en proyectos formativos sostenidos para la Escuela Rural Argentina que contribuyan a la transformación de las difíciles condiciones económicas y sociales en las cuales se desarrollan los países de América Latina y, particularmente, el nuestro. También, es tiempo de dar oportunidades a capacitaciones para formadores en el ámbito ruralizado a nivel macro y micro educativo para materializar un cambio y provocar nuevas condiciones en el desarrollo productivo nacional.

Bibliografía

Ausubel, D. (1976). *Psicología educativa. Un punto de vista cognoscitivo*. México: Trillas.

Edwards, D. y Mercer, N. (1988). *El conocimiento compartido*. Madrid: Paidós.

FAO (Organización de las Naciones Unidas para la agricultura y la alimentación) (2001) *Guía para formadores: conceptos, principios y métodos de capacitación*. Vol. 1 y Vol. 2. Roma.

Fainholc, B. (1983). *La educación rural argentina*. Buenos Aires: Librería del Colegio.

González, S. (1987). *Las posibilidades y perspectivas de la regionalización educativa en América Latina*. Buenos Aires, Consejo Federal de Inversiones y UBA, Facultad de Filosofía y Letras.

Griffiths, V. (1977). *Problemas de la educación rural*. Buenos Aires: Paidós.

Ministerio de Cultura y Educación de la Nación (1994). *Ley Federal de Educación*.

——— (1996). *Alternativas para la organización pedagógica del Tercer Ciclo de la Educación General Básica*. Buenos Aires, Programa de Asistencia Técnica para la Transformación Curricular.

———. Subsecretaría de Coordinación. Subsecretaría de Coordinación. Gobierno de la Provincia de La Pampa (1998). *Marco general de los diseños curriculares de los distintos niveles regímenes y modalidades del Sistema Educativo Pampeano*.

Pérez Gómez, A. (1989). *Análisis didáctico de las teorías del aprendizaje*. España: Ediciones de la Universidad de Málaga.

Schwartz, B. (1995). *Modernizar sin excluir*. México, Dirección General de Tecnología Industrial, Secretaría de Educación Pública.

Senén González, S. (1987). *Las posibilidades y perspectivas de la regionalización educativa en América Latina*. Buenos Aires, Consejo Federal de Inversiones.

Stenhouse, L. (1984). *Investigación y desarrollo del curriculum*. Madrid: Morata.

UNESCO (1973). *Contribución de la educación al desarrollo rural*. París

——— (1974). *La educación en el medio rural*. París.

 Esta edición de 500 ejemplares se terminó de imprimir
en agosto de 2007, en los talleres de Gráfica LAF s.r.l., ubicados en
Monteagudo 741, San Martín, Provincia de Buenos Aires, Argentina.